U0744146

浙江金融职业学院
10年就业工作成果、经验与启示
——基于麦可思就业质量跟踪10年数据报告

朱 明 陈 民 编著

浙江工商大学出版社
ZHEJIANG GONGSHANG UNIVERSITY PRESS
·杭州·

图书在版编目（CIP）数据

浙江金融职业学院10年就业工作成果、经验与启示：基于麦可思就业质量跟踪10年数据报告 / 朱明，陈民编著．— 杭州：浙江工商大学出版社，2019.12
ISBN 978-7-5178-3588-2

Ⅰ．①浙⋯ Ⅱ．①朱⋯ ②陈⋯ Ⅲ．①浙江金融职业学院－就业－研究报告 Ⅳ．①G717.38

中国版本图书馆CIP数据核字（2019）第252314号

浙江金融职业学院10年就业工作成果、经验与启示
——基于麦可思就业质量跟踪10年数据报告
ZHEJIANG JINRONG ZHIYE XUEYUAN SHINIAN JIUYE GONGZUO CHENGGUO JINGYAN YU QISHI:
JIYU MAIKESI JIUYE ZHILIANG GENZONG SHINIAN SHUJU BAOGAO

朱 明 陈 民 编著

责任编辑	张 玲
封面设计	红羽文化
责任印制	包建辉
出版发行	浙江工商大学出版社
	（杭州市教工路198号 邮政编码310012）
	（E-mail：zjgsupress@163.com）
	（网址：http://www.zjgsupress.com）
	电话：0571-88904980，88831806（传真）
排 版	杭州红羽文化创意有限公司
印 刷	虎彩印艺股份有限公司
开 本	710mm×1000mm 1/16
印 张	18.5
字 数	265千
版 印 次	2019年12月第1版 2019年12月第1次印刷
书 号	ISBN 978-7-5178-3588-2
定 价	58.00元

前言

从 2009 年至 2019 年，弹指一挥间，浙江金融职业学院走过了辉煌发展的 10 年。这 10 年，在浙江金融职业学院党委的领导下，乘着国家大力发展职业教育的东风，抓住浙江省打造万亿级金融产业的有利时机，积极创新办学理念与发展思路，实现了人才培养质量和整体办学实力跨越式发展。

在 10 年的辉煌发展中，浙江金融职业学院就业工作牢固树立"学生就业是家庭的命根子、学校的试金石、社会的稳定器"意识，紧紧围绕浙江金融职业学院的中心工作不断创新工作方式、方法，取得了辉煌的成绩。

10 年来，浙江金融职业学院坚持以就业为导向，以服务为宗旨，走产学研相结合道路，创造性地在高职教育中率先确立了"就业立校、服务强校、合作兴校"的办学方针；以"千日成长工程"为抓手，按照"一年熟练岗位、三年成为骨干、五年成为主管、七年实现发展、九年成就事业、一生平安幸福"的要求积极推进职业规划发展与就业教育，千方百计地促进毕业生优质就业、充分就业。学校毕业生初次就业率近 5 年保持在 98% 以上。

10 年来，浙江金融职业学院坚持就业工作"一把手"工程，切实推进就业工作"全员工程"，建立了就业教育、管理、服务、指导四位一体的校院两级工作模式，成立了就业工作领导小组，由校党委书记、校长担任组长。二级学院形成了党政主要领导牵头，主管领导负责，班子成员和辅导员责任到人的就业工作机制。学校党委、校长办公室定期召开就业工作专题会议，保证大学生就业工作规范有序地开展。

10 年来，浙江金融职业学院持续加强就业工作队伍建设，不断加大经费投入，建成并投入使用校级就业工作专用场地近 1000 平方米，设立了就业指导教研中心负责全校学生就业指导课程的教学工作;构建了包括就业加油站、就业"职"通车、就业信息港在内的就业教育服务体系;打造了就业信息网、金小融就业App、就业微信公众号、就业动态数据实时监测系统及学生职业发展教育平台"五位一体"的"互联网＋就业"信息化新生态,全面提升了学校就业精准服务能力和就业智慧化水平。

浙江金融职业学院从2003年开始尝试订单式人才培养;2005年,将订单学生独立组班;2006年,专门组建应用型金融人才研究院,负责协调订单班教学管理等工作;2008年,成立独立设置的二级学院"银领学院",面向商业银行等金融机构开展大规模、全程化的金融"银领"订单式人才培养;十余年来先后与100多家银行、证券所、保险公司等机构开展订单式人才培养,培养了1万余名"银领"人才。

2013年11月,浙江省教育评估院公布数据显示,浙江金融职业学院毕业生就业率为98.38%,位列省内高职高专院校第一名。

2014年7月,浙江金融职业学院成为浙江省内唯一跻身全国高校就业50强的高职院校。

2015年11月,浙江省教育评估院公布数据显示,毕业3年后学生对母校满意度位居全省第一名。

据浙江省教育评估院发布数据显示,自毕业生就业质量跟踪调查以来,2015—2018年,毕业3年后学生对母校满意度连续4年位列全省前5位。2013—2018年,毕业1年后学生对母校满意度连续6年位列全省前10位。

据麦可思调查数据显示,浙江金融职业学院应届毕业生对母校的总体满意度连续10年保持在95%以上,且均高于全国示范性高职院校。

自2010年以来,浙江金融职业学院委托麦可思公司对学校毕业生培养质量进行了连续近10年的跟踪调查。通过近10年的跟踪调查,我们掌握了大量科学数据;通过科学数据,我们看到了浙江金融职业学院人才培养、就业工作取得的成果,也发现了存在的问题。对此,我们进行了深入的思考、分析、研究,意在以麦可思公司近10年调查为基础,对浙江金融职业学院10年来的就业工作进行一次全面总结,通过总结,既看到成绩、不足,也总结经验,得到启示,展望未来。

目录

第七章　浙江金融职业学院10年就业工作的启示 ⋯⋯⋯ 185

第八章　浙江金融职业学院下一个10年就业工作展望 ······· 219

01

关于职业教育

职业教育概念

　　"职业教育"用英文表达有四种方式,即"vocational education""vocational and technological training""vocational and technological education"和"technological and vocational education and training"。

　　关于职业教育的称谓,在国际上,多年来一直争执不休。1974年,联合国教科文组织第18届会议通过的《关于技术和职业教育的建议(修订方案)》中,提出了职业教育所使用的一个综合性术语"技术和职业教育"。1999年4月,在韩国首都首尔召开了第二届国际职业技术教育大会,又将这一称谓改为"职业和技术教育与培训",将职业教育和就业培训、在职培训视为一个统一的连续过程。近年来,联合国教科文组织、国际劳工组织、世界银行、亚洲开发银行等国际机构越来越普遍地采用一个广义的概念,即"技术和职业教育与培训(TVET)"来替代传统的职业教育。在苏联,"职业技术教育"专指为国民经济各部门培养技术工人的教育。在德国、美国等国家,"职业教育"泛指除基础教育、普通高等教育、成人继续教育以外的为培养职业能力而进行的教育。在中国,"职业教育"一词最早出现在1904年山西农林学堂总办姚文栋的公文中:"论教育原理,与国民最有关系者,一为普通教育,一为职业教育,二者相成而不相背。……本学堂兼授农、林两专门,即是以职业教育为主义。"在中国职业教育发展史上,职业教育的称谓经历了从百工教育、实业教育、技术教育和职业技术教育再到职业教育的演变。1994年以后,我国将这一类型的教育改称为"职业教育",现在已成法定名称。时至今日,我国职业教育界仍然使用"职业技术教育"这个名词术语,将它等同于"职业教育"。我国台湾地区对职业教育的提法是"技术职业教育",其内涵仍然包括职业教育和技术教育。

有学者认为,职业、技术教育是与人的发展过程相关联的职业、技术知识再生产,是人的价值性成长,是人的生长、生成和发展相关联的意义系统。教育立场中"职业""技术"的内涵包含价值的生成性、意义的现实性、内容的情境化、结论的个人性四个方面。职业教育中的人具有生成性,是追求价值和意义的人,这意味着职业教育应该是一个充满意义的系统。可以说,职业教育是以"职业"和"技术"知识为中介的人的价值的实现过程。

百度百科词条对职业教育的解释如下:职业教育(vocational education)是指让受教育者获得某种职业或生产劳动所需要的职业知识、技能和职业道德的教育。职业教育包括职业学校教育和职业培训。职业学校教育包括各种职业技术学校、技工学校、职业高中(职业中学)等。职业学校教育是学历性的教育,分为初等、中等和高等职业学校教育。职业培训包括对职工的就业前培训、对下岗职工的再就业培训等。职业教育的目的是培养应用人才和具有一定文化水平、专业知识技能的劳动者,与普通教育和成人教育相比较,职业教育更侧重实践技能和实际工作能力的培养。

第二节

发展职业教育的重要意义

一、发展职业教育是建设经济强国的需要

在全面建成小康社会的基础上,到21世纪中叶,我国要建成富强民主文明和谐美丽的社会主义现代化强国。进入新时代,我国在深化供给侧结构性改革,提高全要素生产率,促进产业迈向全球价值链中高端,从要素驱动、投资驱动转向创新驱动等方面形成发展新动能。职业教育在新时代我国经济发展中发挥着重要作用,职业教育是培养高技能人才、大国工匠,迈向制造强国、经济强国,实现社会主义现代化宏伟目标的重要支撑。我们必须牢固树立新发展理念,紧密对接科技发展趋势,企业和市场需求,主动服务建设现代化经济体系。要实现更高质量发展,更充分就业,也需要培养更多高素质劳动者和技术技能人才,也需要下大力气提升新时代职业教育现代化水平,把职业教育办好。

放眼当今世界,几乎所有经济发达国家,都是依靠大力发展职业教育发

展起来的。这些国家的成功经验告诉我们：发展职业教育,培养高素质技能人才是一个国家经济长久繁荣的基础。进入新世纪,国家把发展职业教育提上重要议程,职业教育有了长足的发展,但在整个教育事业中还属于相对薄弱的环节,还不能很好地满足经济、社会发展的要求,与经济发达国家相比也还有很大的差距。目前,我国生产一线的劳动者素质偏低、技能型人才紧缺、尖端技术技能薄弱的问题十分突出。

为此,我们必须意识到职业教育负担着培养生产服务一线高素质劳动者和技能型人才的这一重要职能,从落实科教兴国战略和人才强国战略、全面提高国民素质和技能的高度,来认识振兴职业教育的重要性和必要性;要努力把我国巨大的人口压力转为人力资源优势,必须大力发展中国特色的职业教育,学习国外发达国家的先进经验,加强职业教育的理论和实践研究,在职业教育领域实现"弯道超车"。

二、发展职业教育是培养高素质劳动者的需要

创新是一个国家发展的灵魂,当前,我国正处于创新引领发展的机遇期,新兴产业蓬勃发展,传统产业转型升级,新旧动能加快转换,需要社会提供大量的技术技能人才,需要大批大国工匠。技术人才是要经过理论和实践"打磨"的,大国工匠是长年累月的知识技能积累锻造出来的,他们都需要经过职业教育的专业培养,都需要校企合作的联合培养。职业教育肩负着大规模培养技术技能人才的职责,能够用最专业的办法,解决高技能人才短缺难题,这是时代赋予职业教育的责任。这些高技能人才在企业有较高的收入和地位,很多技工还荣获全国劳模等荣誉,有些还成为享受国务院津贴的专家。但是,现实社会却带着"有色眼镜"看职业教育,职业教育还是人们不"待见"的一种教育。当然职业教育自身还存在着诸多问题,诸如体系建

设不够完善、职业技能实训基地建设有待加强、制度标准不够健全、企业参与办学动力不足、办学和人才培养质量水平参差不齐等等,这些都需要政府和社会协力解决。

在这个创新创业的新时代,职业教育能促进就业创业,培养技能人才、传承技术技能,职业教育在这个新时代大有可为。所以,我们要把职业教育摆在教育改革创新和经济社会发展更加突出的位置,不断深化职业教育改革,牢固树立新发展理念,服务建设现代化经济体系和实现更高质量更充分就业需要,对接科技发展趋势和市场需求,以促进就业和适应产业发展需求为导向,为我国经济社会发展培养更多的高素质劳动者和技术技能人才。

三、发展职业教育是推动农村劳动力转移的需要

当前,我国农业人口众多,还不能适应现代化建设的需要,推动农村人口向第二、第三产业比较集中的城镇转移是当前我国经济社会发展的一项重要任务。而要推动农村劳动力转移,就要培养他们成为具有扎实动手能力和专业技能的专业人才,使他们在城市中能找到适合的工作。农村劳动力只有经过技能培训,才能成为适应市场需求的职业技能人才,实现转移就业。职业教育通过对农村劳动力技能与知识的培养,为农村劳动力在城市的发展提供了良好的就业平台。

未来职业教育的重点是让更多农村学生和劳动力接受职业教育,掌握知识技能,改变农村劳动力进城就业无技术技能的难题。未来农村职业教育除了深化教学改革、提高质量、更好地满足农村经济社会发展需要外,还要扩大面向农村学生、面向涉农专业学生的资助力度,吸引更多初、高中毕业生来职校学习。另外,还要加强对农村剩余劳动力的职业培训。

发展职业教育,提高我国农村劳动力的综合素质,既满足了国家产业结

构升级的需要,还提升了我国的城镇化水平和质量,推动国民经济持续健康发展。而经济的持续增长又会为城镇创造更多的就业机会,吸引更多剩余劳动力向城镇转移,从而对职业教育的规模、质量提出更高的要求,要求国家加大对职业教育的投入力度,从而促进职业教育向更高的水平发展。

四、发展职业教育是完善现代国民教育体系的需要

基础教育、职业教育和高等教育共同构成了我国的现代国民教育体系。职业教育既包括技术教育,也包括技术培训;既包括职业教育,也包括职业培训;既包括中等职业教育,也包括高等职业教育。发展职业教育是我国教育事业发展规律的内在要求。过去,我们比较重视基础教育和高等教育,忽视或者没有重视职业教育的发展,近些年来,我们越来越清楚地认识到,必须同样重视发展职业教育。如今,全国城乡每年有大量初中毕业生不能升入高中,数百万高中毕业生不能升入大学;同时,大学毕业生就业难的问题越来越突出,每年都有大学毕业生未能及时找到工作。而社会对各类技能型人才需求量却很大且一直供不应求。我国人力资源丰富,但劳动力整体素质不高,人才结构不尽合理,究其原因,主要还是教育结构不够完善,职业教育发展滞后并且不被重视。

因此,进一步完善国民教育体系,加快职业教育发展,合理配置教育资源,为高中和大学这一条"独木桥"分流,缓解教育需求与教育资源供给之间的矛盾,减少教育资源和人力资源的浪费。这样,既可以最大限度地满足社会成员多样化的求学愿望,还能适应经济社会发展对多层次人才和劳动力的需求,不断发挥教育对经济发展的支持作用。

第三节

职业教育的发展趋势

一、职业教育日益突出其终身教育的属性与价值

随着社会的不断发展和进步，特别是知识更新速度的加快，终身教育作为一种教育形式，开始为人们所认识。职业教育是培养个体习成某种专业技能与素质的一种类型教育，也就被社会普遍认为实现终身教育的重要途径。特别是随着世界范围内各种新职业、新工种的不断涌现，作为劳动者，每个人都面临着知识更新、技能提升的压力，更新知识、储备知识成为劳动者必须着重思考的一个重要问题。终身教育理念已经渗透到社会发展过程中，社会要强调并承认职业教育的终身教育属性和价值，从而给予了职业教育更加多的关注和支持。

二、社会的发展要求建立具有自身特点的职业教育体系

职业教育以培养生产、建设、管理与服务行业等一线的应用技术型人才为目标,要求职业教育的办学体系必须适应社会发展与时代的要求。在职业教育办学的过程中,要以市场需求为基本导向和前提,以社会资源为依托,以岗位需求为职业教育的重要内容,建立体现职业教育风格与特点的教育教学体系,从而才能不断提高教学质量。职业教育的人才培养目标是为区域经济发展培养中高级实用型人才,所以要重视培养理论联系实践能力、实践操作技能、问题解决意识、技术创新能力,坚持采用灵活且学生乐于接受的办学和教育方式,开设市场急需、适应社会发展需要的专业,随着社会发展而不断拓宽学科知识的范畴,满足培养目标的基本需要。建立具有自身特点,区别于其他类型教育的职业教育体系,既是社会发展的需要,也是职业教育自身发展的需要。只有建立独立的职业教育体系,才能促进职业教育健康发展。

三、信息化、终身学习社会促使职业教育不断发生转变

社会在不断发展变革,社会对职业教育的需求也必将不断变化。一些传统的工作、工种、岗位正逐渐消失,一些适应时代发展和需求的新技术、新工作、新工种也将不断出现,例如网络通信、多媒体、图形设计、信息技术等。即使是一些传统的工作岗位、工种等,也需要工作人员掌握计算机技术、网络信息等基本操作技能。这样的形势下,一方面职业教育承担着对劳动力的信息化教育,以使他们能够适应社会的进步和工作性质的变化,从而不会被飞速发展的技术更新所淘汰;另一方面还要不断要改革教育体系,发挥自

身的独特优势以培养具备信息化能力的新一代劳动力。

同时,现代职业教育在改革中也十分重视对学生进行通识教育。这样做的目的:既要使学生掌握适应当今社会的专门职业技能,又要使学生具有终身学习能力,在他们出了校门以后,能够持续提高职业技能,能够灵活地自我调整,更能够独立思维,具备终身学习的能力。职业教育既为学生打下比以往更宽的通识教育基础,又在培养专业技能方面拓宽了学生的发展途径,这样就能够使学生毕业后能以更开阔的视野、更扎实的知识、更好的素养适应一个更加开放、变化的社会。

总之,信息化社会和终身学习社会是社会发展的潮流,职业教育发展必须适应这股潮流,从而体现职业教育的优势。

四、职业教育管理的法制化

随着经济和社会的发展,各国都在努力把职业教育作为战略发展的重点,不仅仅停留在国家发展的宏观政策上,而是普遍建立一套相应的法律法规体系作为现实保障。德国的"双元制"职业教育举世闻名,这与它完善法律基础不无关系。1969年8月14日在德国实施的《职业教育法》规定了职前培训教育、职业继续教育和职业转移教育的所有重要方面,包括培训合同、培训教师、培训企业、培训职业、培训条例、考试监督等,因此又被称为职业教育的基本法。德国不但制定了职业教育法,而且还根据社会发展制定了相关法律和条例以促进职业教育发展。德国适用于职业教育的法律法规包括《职业教育促进法》《劳动促进法》《青年劳动保护法》《企业法》《手工业条例》和《实践教师资格条例》等,他们的《职业培训条例》得到许多多个国家承认,使整个职业教育有相关法律可循。

日本、美国、澳大利亚等国也都就职业教育制定了一套法律、条例和规章,这有利促进国家职业教育的发展。我国的《职业教育法》于1996年颁布并实施,这部法律有力促进了我国职业教育在新时期的健康发展。

五、国际化方向是职业教育发展的趋势

在国际教育交流日益深入,国民教育需求不断多样化的情况下,走向国际化已是教育发展的必然趋势,许多国家都意识到,国际化更能促进教育的互通、交流,同时促进本国教育的发展。所以,职业教育的发展也必须要紧紧追随国际步伐。

如何培养大批优秀国际化人才? 语言是人才培养的基础。外语已成为普通教育的重要课程之一,也成为职业教育体系的必修学科。培养具备较高外语水平、国际视野的技能人才也是职业教育的一个任务,这意味着职业教育也逐渐步入国际化发展轨道。欧盟委员会明确规定,职业学生在校期间要掌握两门或两门以上外语,为日后工作中的跨国交流打下坚实基础。

日本早在20世纪50年代,就提出了国际教育交流的设想,并首先从职业教育抓起,将外语水平视为评定职教学生学业成绩的重要指标。学校不但增设了外语课,还通过远程教育提高学生外语水平。对出国交流的职业院校学生,政府还给予政策和资金上的支持,同时也欢迎其他国家留学生到日本学习。

职业教育国际化已是大势所趋。随着我国教育对外交流的不断加强,我国职业教育的对外合作和交流也取得了良好效果,中国职业教育经济吸收国外先进职业教育国家的经验,结合我国实际,对促进我国职业教育发展做出了贡献。

第四节

世界主要发达国家职业教育发展历程

一、工业革命推动高等职业教育的正式建立

高等职业教育的真正建立来源于工业革命的推动：工业革命席卷欧洲，这极大地推动了经济的发展，同时工业革命对技术提出了新的要求，也需要更多拥有技术的人才共同完成工业革命，因此对人才的质和量也都有新的要求。这个时期高等职业教育进入了正规教育阶段，有了正规的院校、正规的目标、正规的大纲，可以说是高等职业教育真正建立的标志。

这个时期高职的发展主要受三股力量的推动：其一是由工业革命引起的技术发展；其二是工业革命所造成的职业分工细化，这使得高职教育规模扩大，种类空前增加，而后政府介入，制度化、法制化和规范化的高职培养机构就应运而生；还有一股力量是一般高等教育。

二、"二战"结束后至20世纪90年代各具特色的大发展时期

"二战"对经济的破坏很大,在各国经济的恢复和发展过程中,高等职业技术教育迎来了其发展的黄金时期。这是因为"二战"结束后,社会上新增的劳动力主要以大量的退伍转业军人为主,这些就业主力军没有一技之长很难谋生。因此战后的退伍转业军人占了接受高等职业教育生源中的很大比例。

在这个阶段,高等职业技术教育在各国经济的恢复和重建过程中起到了极大的推动作用,而经济因素也成了高等职业技术教育发展的极大动力。世界各国特别是经济发展较快的国家,高等职业技术教育规模在此阶段获得了空前的发展。比如说美国,也正是由于高等职业技术教育在这一时期的发展,使得其在高等职业教育中占有非常重要的地位。

在20世纪60年代后,高等职业技术教育进入了不断完善和丰富的阶段。这个阶段各国基本上完成了恢复重建的任务,新的科技革命正影响着世界各国的经济发展,包括经济发展、生产性质、职业种类等等。各国在高等职业教育领域都进行了大规模的改革。

20世纪70年代左右爆发了一场严重的经济危机,对高等教育和中等职业教育来说都造成了一定的损失。

经济危机导致世界及各国经济发展路径的变革,如经济结构调整、传统产业升级换代、新兴产业兴起,对技能型人才的需求也相应加大。经济危机后,随着产业结构的调整,大批劳动密集型的低端产品退出市场,对技术含量低、素质较低的简单劳动力的需求也随之降低,对高素质技能人才的需求量加大,"腾笼换鸟"成为企业的人才战略选择,这也为高职教育的进一步发展提供了巨大的机遇和宽阔的空间。由于本科毕业生在经济危机时就业率

不断降低,社会对学习专门技术技能的要求更加强烈。对此,各国都采取了一些措施,比如美国在20世纪70年代初爆发了一次以减少辍学和失业为目的、训练学生掌握一定职业知识和就业技能的生计教育运动。这都极大地促进了高等职业教育的发展。

20世纪80年代后的高等职业技术教育更多地受到新经济的影响,包括知识经济、信息经济和网络的推动。经济的进一步发展使得产业界对劳动力的需求发生变化,因为此时生产服务转向智能型,对一般劳动力的素质要求普遍提高。为了满足人们对进一步接受高等职业技术教育,进一步提高自身的素质和技能的强烈愿望,高等职业技术教育向更多的群体敞开,包括在职人员、退休人员、失业人员等,年龄的跨度也逐渐拉开。这使得高等职业技术教育在规模上得到进一步的发展。

这段时期高等职业技术教育内容的变革成为许多国家关注的重点。如英国、美国、澳大利亚等都提出了关键能力或核心能力的概念,进一步关注到不同职业领域之间的迁移能力及新经济条件下所需要的共同的职业能力。

20世纪90年代,随着新科技的迅速发展,经济领域的竞争更加激烈,青年失业率居高不下,整个社会向信息化、网络化和学习化时代过渡,终身学习成为每个人的需求。美国政府针对知识经济的来临和全球化经济竞争的加剧,推出了技术准备计划。这是美国政府为发展经济而设计的一套宏观发展职业教育的指导方针,其办学主体包括地方职业技术学校、综合中学、社区学院、四年制的学院或大学等,也称为美国的技术准备制度。在这一制度中,美国联邦政府对各州政府、企业、学校都提出了要求,目标融合就业、升学、终身教育、提高技术水平和教育效率等多个方面。

三、21 世纪新的发展变革期

高等职业技术教育为经济服务的特点直接决定了其必然要为主导产业服务。随着科学技术的发展和社会的进步,高等职业教育从初级向中级、高级不断延伸。知识全球化促使教育国际化越来越明显,这越发迫切需要高等职业教育培育出更多知识型、技能型人才,以便完善各级各类人才发展的结构,促进社会更加快速地发展。在一个市场全球化的世界里,教育使人们有能力利用由开放的国界和全球知识网络所带来的机遇。

同时在 21 世纪,美国次贷危机对全球经济都产生了影响。世界性金融危机对高等教育的影响已经凸显。比如,由于金融危机使公共事业经费减少,公办高校的经费随之缩水;很多高等学校是基金创办的,基金缩水导致高校亦蒙受损失;由于经济受到影响,捐资办学的社会人士也减少。经济危机对高等教育产生冲击的同时,各国也无不在这次经济危机中加大发展高等职业教育的力度。

比如美国,2009 年奥巴马签署了《美国复苏与再投资法案》,持续加大了对高等职业教育的投入力度,2009 年教育投入占整个投资额度的 18%,2012 财政年度将持续达到 19%。超过 1000 亿的教育投资对于刺激经济和改善教育来说,是个历史性的机遇。

从经济发展的角度来看,高等职业教育在推动经济发展的过程中也得到了长足的发展。高等职业教育发展和经济发展如何形成良性互动,如何让高等职业教育在我国的经济发展中起到越来越重要的作用,这也是我们要继续研究的重心。

· 第五节 ·

世界职业教育发达国家的经验借鉴

一、德国的职业教育制度

（一）德国的教育体系

德国的教育体系分为三个层次。第一个层次是基础教育，是指初等教育，属于义务教育。在大多数德国联邦州，小学是四年制学校，只有柏林和勃兰登堡的小学是六年制。第二个层次是中等教育，分为初级和高级两个阶段。其中，初级阶段是小学毕业后的继续学习阶段，主要包括文理中学、实践中学和职前学校，实践比例逐年提高。高级阶段主要包括文理高中和职业学校，实践比例也按类别递增。职业学校学生在获得毕业证书后，可以申请应用技术大学或综合性大学，如理工大学。第三个层次是高等教育，主要包括综合性大学、应用科学大学和艺术学院。

（二） 德国的"双元制"职业教育模式

在德国的"双元制"职业教育体系中：第一，企业是教育的主体和用人单位，他们是教育的主要投资方，每年企业给每个学生的投资是1.8万欧元。毕业后，优秀的培训生约66%会被企业聘用。第二，学制2—3.5年，用于企业的实践占三分之二的时间，在学校的时间是三分之一，平均每周三天在企业工作，两天在学校学习。在企业工作时他们可以获得工资，每月大约750—800欧元。第三，联邦政府高度重视职业教育。在德国约有1600所"双元制"学校（全部公立），政府每年为这些学校拨款29亿欧元。国家重视培养劳动力市场的职业技术人才，青年失业率很低，居世界最低水平。

（三） 实行教考分离的考核制度

德国教育体制多样化，有55.7%的学生选择双职教育。在这之中有95%的学生找到了工作，其中一半以上留在工业实习单位，有的继续选择留在大学读书，有的到小企业工作。毕业时，学生应参加严格的考试。它分为实践性评价和理论性评价。考试由国家组织实施。试题由工商联组织的专家撰写，考试委员会由三方组成，学校、企业、工商联。三家应当在现场进行真实的检查和督查。学生考试合格后，由工商联颁发证书（权威的、国家认可的工种资格证书）。每个学生都有两次考试机会。如果考试不及格，他们必须改变工作类型，重新学习。教考分离也迫使学生努力学习，增强学生学习的积极性，减少"混文凭"现象。

（四） 德国职业教育的行动导向教学法

行动导向教学法是指以行动或工作任务为教学目标和内容，以培养学生的专业技能、社会能力和个人能力为重点的职业教育教学模式，主要包括项目教学法、案例教学法、头脑风暴法、角色扮演法、课文指导法等,其核心是通过自学、自我实施、自我提高,实现学生的自我认识、自我激励、自我表达、自我肯定、自我发展的教育目标,自我教育和自我评价。行动导向教学法的特点是特别强调调动学生的主观能动性,激发学生强烈的学习欲望。其基本特征在于学生工作的配合和相关问题的讨论,让他们在实际专业岗位情况下,结合教师提供的书面材料、虚拟或实际信息,积极参与到整个教学过程去,以达到最高的学习效率,同时培养他们的团队合作能力。行动导向教学法体现在以下几个方面:①教育目标。不注重学生成绩的排名,注重学生专业行动能力的培养,使学生成为"有能力的人"。②教学内容。不是传统的学科体系,而是一种跨学科、以能力为基础的专业活动模式。③课本。不局限于知识展示,而是指导如何去做。④教学过程。由信息收集、计划、决策、实施、检查、评价六个环节组成"完整的行为模式"。⑤教学组织形式。不是以教师为中心,学生被动学习,而是以学生为中心,学生在教师指导下自主学习。⑥教师角色。奥斯纳布卢斯手工业协会培训中心从传统的主角、知识灌输、教学组织的领导者到学生或学习型的双系统导师、行动指导和顾问培训的主持人,发生了根本性的变化。⑦沟通方式(教学法)。不是单向的灌输,而是双向的传递和互动。⑧激励手段(效果控制)。它不是基于分数的激励,而是一种持续成就的体验。在学习过程中注重质量控制和评价。

(五) 德国职业教育的改革与创新

首先是新的联邦职业教育法颁布。1969年颁布的《职业教育基本法》《联邦职业教育法》和1981年颁布的《职业教育支持法》《联邦职业教育促进法》相结合,提高了职业教育统计规划和科学研究在职业教育法中的地位。新法还对全日制职业教育学时转换、接受国外职业教育转换、分阶段实施职业教育结业考试、成立职业教育联合体等做出了新规定,尤其是对联邦职业教育研究所地位的认可,表明德国对职业教育研究的高度重视。

其次是开展"职业教育攻势行动"。2003年和2004年,连续两年启动"职业教育攻势",目标是提高职业教育的学习地位。2003年的"攻势行动"措施包括:联邦教育和研究部、联邦经济和劳动部、联邦新闻局开展全国职业教育宣传,三位部长联合给职业教育和企业负责人写公开信;教育部部长、经济部部长联合实施"职业教育徒步计划",对职业教育"问题领域"进行考察,并将2003年6月24日定为"职业教育日"等。2004年的"攻势行动"措施包括:加大对地区"职业教育体制改革计划"的投入,由2500万欧元增加到3700万欧元,增长近50%;将工业职业教育从传统的机电制造业扩展到纳米技术、光电技术、生物技术等高科技制造业,并扩展系统技术,实施"联邦和州职业教育学习地点扩展计划"。

二、澳大利亚的职业教育

(一) 职业教育法律、政策保障的建设

在发展职业教育的过程中,澳大利亚非常重视相关法律和政策的制定、修订和实施。20世纪70年代以来,先后颁布实施了一系列职业教育法律和政策。宪法、职业教育法、义务教育法和高等教育法构成了澳大利亚职业教育的基本法律。1990年7月实施的《培训保障法》规定了企业在职业教育中的地位、权限和责任。此外,为了教育、培训和发展义务教育阶段(澳大利亚义务教育阶段为10年)所有青年人的基本技能,澳大利亚出版了《义务教育和培训后青年人参考》报告。20世纪90年代,制定了两项职业教育和培训战略计划——《1994—1997年澳大利亚国家职业教育和培训战略:迈向有技能

的澳大利亚》和《1998—2003年澳大利亚国家职业教育和培训战略：通向未来的桥梁》，以确保工人的技能能满足企业和国际竞争中的产业发展。21世纪，为了调整经济结构，提高国际竞争力，在信息经济时代赋予澳大利亚人需要的技能和教育，澳大利亚先后颁布了"知识社会——信息经济教育与培训行动计划"和"弹性学习"计划，《信息经济国家职业教育与培训合作框架（2000—2004）》，这些措施使澳大利亚的职业教育能够迎接新世纪和信息社会的挑战。

（二）TAFE体系的独具特色

1. TAFE的特点

TAFE，即技术和继续教育，有两个主要特点。首先，发展学生的专业能力是TAFE系统的最终目标。TAFE系统主要用于生产线、运营线和管理线，提供以优秀技术为特色的职业教育和培训，培养具有动手能力的技能型人才、高级技术应用型人才和相应的管理型人才。因此，TAFE学院（实施TAFE的公共培训机构）的培训内容以实践为主，主要在实践场所完成。此外，除了注重专业技术能力的培养外，还注重合作能力、创新能力等关键能力的培养。这反映在培训包的能力标准中。因此，TAFE模式下的个人职业能力培养是全面、完整、立体的。其次，以鼓励终身学习为目的的继续教育是重要组成部分。继续教育是TAFE体系的重要组成部分。据统计，2013年，接受继续教育的成年人约占所有学生的80%。在职学生比例大，说明澳大利亚人对继续教育的主观认识强，终身学习意愿强，而TAFE制度也为继续教育提供了客观条件。

2. TAFE体系的运行机制

TAFE体系能够有效运行，并且达成教育教学目标，是有一套相对完善的运行机制做支撑和保障的。培训包的开发和实施培训包（Training Package，

TP)是TAFE运行机制的最重要组成部分。它由政府组织、行业主导,根据产业发展需要、企业需求、就业市场信息、岗位技能要求开发和认证并随着劳动力市场的变化进行修订,3—5年修订一次。每个培训包都由国家认证部分与非认证辅助材料部分组成。国家认证部分包括国家审批的能力标准、国家资格和考评指南,是培训包主体部分。其中能力标准由若干能力单元组成,详细规定了学习者在职场从事相关职业所需的工作技能、知识储备以及职业态度,是教学和培训工作的基本依据;国家资格由一系列资格证书组成,学习者达到能力标准所规定的要求后,可获取某个级别的资格证书,通过该证书才能申请某一工作岗位。国家资格框架统一了行业和教育培训领域的资格标准,构建了连贯的资格体系。同时,通过实施不同等级间的衔接和不同领域的学分互认,构筑了中学教育、职业教育和高等教育三大领域间的立交桥,为终身教育提供了渠道;考评指南提供了一个能力单元评估的框架,包括对能力单元考评方法、所需环境条件、成绩取证方法和考评员的资质有详细的说明。

(三) 澳大利亚的终身教育资格框架

近20年来,澳大利亚职业教育经历了一系列改革,而建立国家资格框架(AQF)是其中最重要的改革措施之一。该框架明确了职业教育与中高等教育的联系,使学习者能够根据自己的需要建立合理的职业发展规划,充分体现了终身教育的理念。整个资格框架将教育分为高中教育、职业教育和高等教育三大类,并利用10级证书和5个资格名称构建它们之间的平行衔接关系,使不同类型的教育体系相互沟通。高等教育体系和职业教育体系分别侧重于学历教育和技能教育,而高中教育两者兼而有之,以方便不同兴趣和能力的学生选择。由于学习的模块化管理、学分制、资格互认制、以往工作和学习经历的认可制、学分的积累和转换,任何年龄段的人都可以根据自己的实际需要选择适合自己证书的起点学习,从而促进人们事业的终身发展。通过 AQF 系统,各级证书之间的沟通机制,实现职前教育与职后教育的对接,实现职业教育与高等教育的对接,构筑人才成长的"立交桥",体现了终身教育理念。

(四) 重视职业教育投资

职业教育经费是职业教育正常运行和快速发展的重要保障。自 20 世纪 90 年代以来,澳大利亚政府一直在加大对职业教育的投资。从 1990—1991 年,职业教育基金达到 4.4 亿澳元;1993 年,职业教育和继续教育投资约 25 亿美元,约占当年国内生产总值的 0.5%。近年来,政府加大了对职业教育的投入。1997 年,澳大利亚职业教育投资达到 73 亿澳元,1998 年增加到 84.45 亿澳元。除政府投资外,澳大利亚逐步建立多元化投资体系,鼓励企业、行业和个人投资职业教育。例如,1998 年,企业和个人在职业教育方面的投资分别约为 39 亿美元和 9 亿美元,占当年总投资的 45%、5% 和 10.8%。澳大利亚政府和社会各界对职业教育的高投入,促进了职业教育的快速发展

三、日本的职业教育

(一) 国家高度重视职业教育法

日本每一次职业教育改革都伴随着立法的实施和完善。1872 年,日本颁布了近代教育史上第一个"学制",对职业教育中的特殊学校做了专门规定。这是日本首次以法律法规的形式规范职业教育,体现了日本发展职业教育的愿望,并朝着适合国情的方向发展。随着职业教育的成熟,日本不断修改立法以适应职业教育的发展。20 世纪初,日本修订了《工业学校秩序》

《工业学校条例》等一系列法规,加强了对学生职业技能的培养和道德教育。"二战"后至20世纪70年代,日本对职业教育立法进行了全面、大规模的改革。这一时期,建立了一批短期大学,制定了以高等职业教育技术人才培养为重点的学院、短期大学和专科学校的设置标准。除了为学校制定一些法律法规外,日本还重视职业教师经费、职业教育经费和相关职业培训的立法。进入21世纪,为了适应时代的变化和教育的新发展,日本制定了《21世纪教育新规划》,将职业教育纳入终身教育体系。

(二) 政府大力支持职业教育

日本政府大力支持职业教育,面对错综复杂日本的职业教育体系。要使各类职业教育在不同时期相互配合、相互补充,有效提高职业教育水平,需要政府的有力协调。日本先后制定了《学校教育法》《职业培训法》(后更名为《职业能力发展促进法》)等法律法规,对职业教育进行监督和指导。这些法律规定了职业教育的目的、内容和形式,为学校和企业都提供了可以遵循的依据。同时,政府部门负责对职业教育情况进行梳理分析,提出规划,并对职业教育进行监督。这有效地减少了学校、企业、机关职业培训的盲目性和投机性,使职业教育走上正轨。同时,政府直接承担公共职业培训,为更多的人提供职业培训。政府还为职业教育提供各种优惠政策,如提供职业培训场地和设施、降低学费等。此外,日本实行的职业资格考试制度为职业培训提供了量化标准,有效地调动了学生的学习积极性,成为日本职业教育的有力补充。

(三) 职业教育师资队伍建设的特点

"二战"后,日本对整个教育制度进行了彻底的改革。日本教师培训教育体系体现了开放性和多样性的特点。根据美国教育团报告的建议,日本继美国教师培训制度之后,将封闭师范教育改为开放师范教育。1949年5月31日,日本颁布了《教职工执照法》和《教职工执照法实施细则》,实行教师执照制度。日本自20世纪50年代进入战后出生高峰期以来,迫切需要增加职业高中的招生,扩大职业课程。此时,教师短缺已成为一个难以解决的问题。尽管日本政府采取了一些特殊措施来培训职业高中教师,但获得工业教师资格的人数逐渐减少。为此,日本采取了两种方式培养职业学校教师:一方面,通过在教育部认可的高校学习,取得了职业教师资格证书;另一方面,日本在7所国立大学(奥克兰理工大学、东北大学、东京理工大学、金泽大学、名古屋理工大学、广岛大学、九州理工大学)开设了工业教育和培训课程,有计划地培训教师。职业学校教师一般从工科院校毕业,取得学士学位,然后到大学的教育系、教育学院或职业教育培训单位进行理论学习、生产实习和教育实习。只有通过考试,他们才能取得教学资格。

(四) 建立公共培训体系和终身培训体系

日本在全国(包括47个省会、地、县)建立了相应的公共培训机构,为本国公民提供免费职业培训。特别是政府对失业人员、企业职工、退休人员和未就业的在校毕业生进行调查,安排有工作意愿的人员再学习,国家和地方财政拨款。这不仅为有就业愿望的人提供了学习新技能、增加再就业的机会,也满足了居家退休老人终身学习的要求。同时,企业将安排内部员工进行系统培训,学习新知识、新技能,使其更好地适应本岗位的发展需要,具备符合专业要求的新业务能力,更好地为企业服务。

(五) 国家推行职业资格鉴定制度

日本职业教育实行了职业资格鉴定制度,对鉴定程序、考题、事务、时间等做出了明确规定,由地方政府具体实施。各地要按标准自行进行技能实战测试,试题由各地首都负责,道、府、贤总督签名。当日,举行全国统一理论考试,试题由卫生部、劳动部、福利部部长签名。只有通过技能考试的人才有资格参加理论考试。考试一般分为特级和一级、二级、三级,有些行业没有分类。特级是指管理、监督、指导行业的能力;一级是指最先进的技术,被授予"高级技术人员"称号;二级是指中级,被授予"中级技术人员"称号;三级是指初级,是指荣获"三级技术人员"称号。

四、美国的职业教育

(一) 职业教育注重实效,目标是培养实用型人才

在美国,专业院校和企业举办的各类职业技能教育的教学计划和教学内容与本专业(岗位)的实际生产或工作紧密结合,针对性强,效果明显。各种职业教育或技术培训都是以基本技能和适应能力的培养为基础的。教学目标明确具体,易于测试,以实践技能考核为主,教学内容采用先进的实践技术。实习基地的设施很现代化。教学环节的实践性很强,体现在教学过程和教学方法特别注重理论与实践的紧密联系,重点是提高员工或在职员工的整体素质,提高解决实际问题的能力、实践能力和适应能力。在教学方法上,经常采用电化教学、物理模型教学、仪器演示教学、现场教学和模拟培训。初级技术人员和工人上岗前必须经过培训和考核,掌握岗位所需的知识和基本技能,或参加工地的特殊技能培训,使其真正成为公司的合格员工。比如经营管理人员的培训,首先是如何做人和管理人,以增强管理企业的责任感,其次是组织能力的培训,然后是专业技术的培训,如经营会计能力的培训,安全生产能力、质量意识、综合决策能力、创新能力等,如工程技术人员的培训,除使用外,还要学习和掌握本专业的高科技压力,还要求能

够从事信息采集与处理、新型功能电子元器件研发、工艺装备设计或制造等工作,简言之,低层岗位重视操作能力,高层岗位更加重视综合决策,管理创新能力。[1]

(二) 多元综合课程和市场导向课程相结合

学术课程与职业课程的整合,为所有学生落实职业教育理念提供了框架。一方面,职业教育系列课程的学生加强了学术课程的学习,而普通课程系列和学术课程系列的学生完成了一定的职业课程学习,使所有学生在毕业时都具备继续学习或直接就业所需的知识和技能,在一定程度上实现了受教育机会的平等。另一方面,校本课程与工本课程的整合,对于激发学生的学习兴趣和动机,帮助学生更直观、更有效地理解和掌握工作领域的知识和技能要求,具有积极的作用。

另外美国职业教育有明确的办学目标,可以根据本地区的经济发展和社会需求,培养市场所需的各类人才。目前,美国社区学院开设的课程功能已从最初提供的转移教育扩展到更为全面和多样化的方面,包括:转移教育、入学教育,职业准备教育,技术准备教育,社区服务,补习教育(成人基础教育),转业、再就业培训,知识、技术更新和提高教育,订单培训、职业资格证书培训,英语作为第二语言教育等。职业技术学校开设的课程涵盖农业、工业、商业、建筑、健康教育、家政、手工业等,涉及市场营销、手工业、家庭与消费科学、农业技术、市场服务、商业与信息技术、工业贸易等不同专业。[2]

---

[1] 徐克家《美国的职业教育概况——赴美考察报告之一》,《邵阳高专学报》1996年第9卷第1期。

[2] 梁艳《美国的职业教育先进在哪?》,《宁波经济:财经视点》2013年第10期。

(三) 校企合作更加紧密

与以德国"双元制"为代表的欧洲职业教育校企合作模式相比,美国职业教育呈现出兼顾公平的校本合作模式,校企合作是美国职业教育的短板。国际金融危机后,美国各界在反思国家经济政策缺陷的同时,也综合考虑了校企合作在职业教育中的薄弱环节,并继续加强相关方面的改革。面对"再工业化"的战略选择,美国政府在鼓励企业赴美投资建厂的同时,不断强化企业在职业教育中的作用,全面服务于产业发展对人才的需求。在政策宣传上,奥巴马政府大力为校企合作喝彩。奥巴马政府还利用联邦政府财政资金的绩效竞争机制,鼓励各州职业教育机构与本地区企业合作,共同开发和实施应用型人才培养计划。联邦政府资助了全美100多所社区学院和企业,并鼓励社会福利组织与各种校企项目合作提供财政支持。同时,奥巴马政府也建立了一个高级别的政府组织,为美国的未来奠定了基础技能。其成员包括美国教育部、劳工部、农业部、商务部和其他政府部门。推动形成了上千个校企合作项目和教育联盟,形成了全国制造业联合会与全国社区学院、培训认证等大型校企合作项目的职业技能培训合作。特朗普政府推进校企合作的典型做法是大力推广德国"学徒制"校企合作模式。在与德国总理默克尔的会谈中,他高度评价了德国"学徒制"职业教育模式,主持了德美商业精英会议,交流了促进职业教育校企合作的经验。特朗普政府推行"学徒制"的重要措施是简化行政和下放权力,推动行业协会、工会和第三方培训组织共同制定学徒制培训标准,成立国家专门机构,推动相关工作的开展,放宽劳动部对相关工作的审批,从而促进招收困难行业更快地获得学徒制职业教育,进一步增加受教育者的就业机会和经济收入。[1]

---

[1] 刘蔚《从政策到实践:国际金融危机以来美国职业教育》,《高等职业技术教育(天津职业大学学报)》2019年第28卷第2期。

(四) 职业教育与通识教育的柔性连接模式

美国的高等职业教育包含着丰富的内容,包括职业教育、转学分教育、成人教育等,招生制度整体上比较完善和开放,为不同年龄的公民提供多元选择。职业教育向普通教育转变是美国职业教育的一个重要特征。世界上许多国家不能这样做。他们分开了。例如,高职院校只能向高职院校努力,不可能跨高职院校直接进入普通高校。这在一定程度上打击了学生继续学习的积极性。在美国,职业院校可以通过转学教育转入普通高校,只有填写学校制度衔接协议,才能完成转学教育。转学之所以能够顺利完成,是因为美国教育职能的统一。对学生来说,无论在哪里学习,只需选择转学教育,其课程与普通高校相同,这样就可以顺利转学,从大三开始,就不会出现重复学习的情况。

五、促进高校毕业生就业的实践经验[①]

20世纪以来,职业教育在世界各国得到迅速发展,各国政府在促进职业教育就业方面各有特点,以下几个国家在职业教育大学生就业方面的实践经验值得我们借鉴。

(一) 日本:政府、高校、企业、毕业生的共同参与

日本的大学生就业实行政府指导、高校、企业、毕业生各方积极参与,各自做好自己的工作。首先,国家从立法方面创造良好就业环境。日本先后制定了《职业稳定法》《职业培训法》《最低工资法》《就业机会均等法》等多项

---

① 肖周燕《国外促进大学生就业的模式以及对中国的借鉴》,《第一资源》2014第4期。

法律法规。这些法律法规保障了就业学生的待遇、再就业和公平竞争。政府各部各司其职,各自负责就业指导、推荐、咨询以及弱势群体社会救助等工作,卫生福利部还在全国各大城市设立了"学生就业中心",作为政府引进和安排高校毕业生就业的中介机构。

除此之外,日本还有很多民间就业咨询服务机构,如日本就业信息中心、就业发展协会、日本人才引进协会等。在日本,诸如职业介绍、人才中介、人才测评与职业培训、资格认证、就业咨询等各类就业相关中介咨询服务机构比比皆是。这些民间专业就业中介机构接受卫生、劳动和福利部的监督检查,行业自律相对严格,中介咨询业务较为规范。

政府除了设立专门机构提供相关咨询服务,厚生劳动省积极促进加强学校与企业的合作,积极促进企业与高校、学生的融合发展。为解决大学生创业融资难问题,只要学生有可行的商业计划,日本政府就为他们提供无担保的融资。日本政府还采取就业信息公开,建立就业信息网站等形式,以解决用人单位与求职者之间的信息不对称问题。就业信息网站收集民间职业介绍所的招聘信息和求职者信息,方便企业和求职者了解所需信息。

日本政府还建立了全面客观的就业评价体系,确保就业政策的很好实施,通过全面的就业评价,为更好做好今后的就业工作制定有针对性的政策。自20世纪90年代后期以来,日本文部科学省、厚生劳动省联合进行大学生就业情况调查,通过对大学生就业事前、中、后的调查,对大学生就业工作进行必要性、公平性、效率、有效性、优先性等进行综合评估。

(二) 美国:学校主导,政府引导,中介组织参与

美国职业学校毕业生的就业工作以高校为主,但是美国联邦政府并没有放弃对此项工作的领导和指导,积极制定相关法律和政策,促进大学生就业。国会通过立法,联邦政府根据产业发展和人力资源发展战略的需要,规

范、管理、培育和引导就业市场。政府还做好就业调查等基础工作,劳动部通过建立数学模型对就业市场进行统计分析和预测,统计结果将通过网络和出版物向全社会公布,作为政府招聘和个人择业的依据。最新的失业率、小时平均工资、就业成本指数、联邦最低工资和职业前景手册将在劳动部官方网站上公布,以方便大学毕业生就业。

美国社会中介组织在大学生就业过程中发挥着重要作用,在这些中介组织中美国顾问协会(ACA)、美国职业发展协会(NCDA)、美国大学顾问协会(ACCA)、美国咨询服务与发展服务协会(AACD)、美国就业咨询协会(NE-CA)等较为知名。这些中介机构在促进大学生就业理论研究、提供职业指导服务和就业中介信息服务等方面发挥着重要作用。

政府加强对大学生就业投资的绩效评估。国会通过了《政府绩效与成就法案》,要求联邦机构制定战略规划和绩效评估计划,为美国人民提供高效服务,建立了包括投入、资源、产出、结果、效率/成本和生产力等六大类指标的绩效评估体系,要求包括公共就业服务机构在内的所有联邦机构都要进行绩效评估,并向民众报告绩效评估的结果。

(三) 德国:法律保障、政府提供公共服务平台、职业教育内在动力

首先,政府为大学生就业创造了健康的法律环境。德国在制定了《德意志联邦共和国基本法》即德国宪法之后,又根据《德意志联邦共和国基本法》制定了一系列劳动法规。1969年,德国颁布了《联邦职业教育法》。2005年4月1日,德国颁布实施了新的《联邦职业教育法》。德国是西方国家中解雇程序最为详细、教育制度和就业管理制度最为独立的国家之一。

其次,建立的强大公共服务平台。联邦劳工局是德国最大的就业市场公共服务机构,其主要职责是为个人、企事业单位提供培训和就业服务。具体来说,包括引进培训和就业岗位、提供就业咨询、为雇主提供咨询、为职业

培训提供资金、为残疾人就业提供资金、促进创造和保留就业机会,以及就业市场与职业发展的数据统计与后续研究。

此外,联邦劳工局还有一个大学生职业指导办公室和一个信息中心。信息中心拥有全国通用的网络平台。雇主和学生都可以使用任何计算机登录,并免费共享资源。就业指导课程也由劳动局专业委员会负责。为了解决高校毕业生能力与劳动力市场需求之间的矛盾,以及高校师生对劳动力市场认识不足的问题,每个工作人员负责到一两所学校的上课。此外,联邦劳动部、各地区劳动局与高校密切合作,提供全方位的就业服务,并成立了专门的高校服务小组。

再次,德国职业教育模式保障了学生就业。德国职业教育可以说是一种"就业教育"。德国职业教育的最终目标是培养社会所需的各类人才,使他们尽可能就业和自立。具体表现为资格认证更有利于学生就业。德国职业教育资格认证严格统一,是保证学生就业质量的重要标准。"双元制"职业教育的结业证书不仅在德国得到认可,还得到世界许多国家的认可。

02

第二章

关于中国职业教育

第一节

中国职业教育发展的脉络

一、中国古代的职业教育

教育起源于人类社会的早期、人类劳动的生产和社会生活的需要使教育得以产生。生产劳动是人类特有的专门活动,是人类最早的"专业"活动。

中国古代职业教育的发展大致可以分为以下几个时期。首先,在胚胎期,劳动作为人类特有的活动,被视为人类教育的根源。随着教育现象的出现,职业教育开始萌芽。二是代际。夏商西周时期,中国正处于宗族社会开始解体、奴隶社会开始形成和发展、社会开始出现阶级分化和不同职业的时期,这必然导致职业教育的产生。第三,在发展时期,从春秋战国时期到宋、元、明、清时期,我国古代占领迅速发展。

在中国古代,职业教育不是以讲学和背诵为主,而是以思维和操作能力为主。春秋战国时期,以实践理念为主要理念的职业教育学校比比皆是。儒学弟子陈翔看到遵循"神农之言"的农家徐行,非常高兴。可见,当时农民家庭在下层阶级中具有高度的认同感。法家反对学空文,主张奖励农战,认为农战有助于国家的富强。还有专门研究技能的战略家和当地技术专家。他们都非常重视生产劳动等实践教育。其中最著名的是墨家。墨子重视科技教育,在自己的私立学校传授相关知识和技术。他在自然科学方面有很高的造诣,包括力学、数学和光学的思想和知识。[①]

二、中国近代职业教育的产生

中国近代职业教育确实包含着传统职业教育的因素,但其产生更多的是外力的结果。从19世纪60年代到19年代,欧美主要资本主义国家相继进行或完成了工业革命。机器生产代替了体力劳动,工厂的规模迅速扩大,大批未经训练的工人进入工厂。由此,对工人的教育和职业培训成为一项紧迫的任务。为了使劳动者掌握一定的专业知识和操作技能,适应大规模工业生产的广泛需要,专门成立了职业技术学校。工业革命催生了西方国家的职业教育。职业学校培养了大量的专业技术人才和劳动者,进而推动了西方国家的工业化进程。西方国家为了满足资本主义生产的需要,获取更多的利润,需要掠夺越来越多的商品销售市场和廉价的原材料,于是到处大肆扩张。19世纪上半叶,在菲律宾、新加坡、印度等中国周边国家疯狂入侵后,西方国家瞄准了衰落的清朝。

鸦片战争以来,随着一系列不平等条约的签订,清王朝的"闭关锁国"政策被彻底打破。在贸易港区,有大量的外国商人、士兵、传教士和教会学校。虽然他们来华的目的不同,但客观上带来了西方先进的文化知识。特别是

---

① 李晨希《中国古代职业教育探究》,《西安文理学院学报(社会科学版)》2014年第17期。

教会学校开设的课程和教学方法,对中国传统教育产生了冲击,促进了中国教育的现代化。然而,由于时代的限制,中国社会在近代机械工业兴起之前并没有对职业教育的迫切需求。因此,当时教会学校没有与职业技术教育相关的课程,也没有系统的现代职业教育思想。之后,他们开始在贸易口岸秘密建立一些修船和小型加工厂。近代工业最早出现在中国,但当时的中国经济仍以小农经济和家庭手工业为主。第二次鸦片战争后,清政府的失败使地主阶级上层人士看到,中国与西方在经济和军事实力方面,特别是在落后武器方面有很大的差距。因此,他们提出要向西方学习,引进先进的军事技术,以增强自己的实际抵抗能力。于是,掀起了一场轰轰烈烈的洋务运动。曾国藩的安庆内军机械研究所是洋务派创办的第一家企业,随后洋务派又在上海、南京、天津等地创办了第一批现代军工企业。这些企业都采用机械化生产,作为西方国家的现代产业,需要大量的技术工人。当时以教授四书五经为主的传统教育已不能满足这些企业对人才的需求。在这种情况下,中国最早的现代职业教育应运而生。

三、中国当代职业教育发展的历程

(一) 职业教育诞生阶段

中华人民共和国成立之初,教育部提出了国民经济恢复与民主改革相适应,确立党在教育中的领导地位,采取先接管、先接收、再逐步改造的方针,先后接管原公办学校,接管民办学校,收回教育主权,并对这些学校进行了初步改造。

1950年,国务院批准了《高等学校暂行条例》,规定高等学校的宗旨是培养能够掌握现代科学技术成果、用同样的理论和实践教育方法全心全意为新民主主义建设服务的专门技术人才。到20世纪50年代中期,原专科学校基本关闭或变更,大部分被转为本科院校或降级为中学,部分被取消。与之形成鲜明对比的是,中等职业学校和技工学校蓬勃发展。在中华人民共和国成立初期,成功地将原有的落后学校改造成新中国教育的重要组成部分,为中国职业教育的发展奠定了基础。

自1958年以来,在一系列盲目追求数量和不切实际思想的指导下,专业教育迅速发展,但由于发展与现实脱节,专业教育质量难以保证。"文革"期间,我国职业教育遭受严重冲击,大量中等职业学校关闭,教师流失严重,整个职业教育陷入混乱。

(二) 职业教育体系形成与发展阶段

改革开放政策的实施为职业教育的发展提供了良好的机遇。经济的复苏对技能型人才的需求与日俱增。特别是在沿海发达地区,高层次专业技能人才很难满足当地的需要。由此,当时采取了发展职业教育的主要措施,一是恢复中等职业学校和技工学校;二是大力发展职业高中,把普通中学改为职业学校。

从1980年国家教委批准成立南京金陵职业大学等首批13所职业大学起,我国开始兴办高职教育。这一时期的高职教育呈现出以下特点:一是在高等教育计划管理模式下,办学形式为"收费、日读、不保证分配";二是在人才培养目标上,按照传统的学科型人才培养方法,高职教育的特点基本不突出。

1985年,《中共中央关于教育体制改革的决定》从战略高度明确了职业教育的地位、作用和任务。同年,从中等职业学校起步的五年制高职院校,走出了一条具有中国特色的发展道路。五年制高职院校在整个职业教育体系中所占的比重虽然很小,但发挥了重要的积极作用。1991年,国家教委发布了《关于加强普通高等职业教育工作的意见》,从指导思想、培养目标、规范设置、课程教学改革、教师经费等方面明确了高等职业教育的发展方向,从根本上建立了我国高等职业教育的发展体系。

(三) 职业教育改革探索阶段

1996年,《中华人民共和国职业教育法》的颁布,标志着职业教育以法律的形式固定下来,也标志着我国职业教育将步入依法办学的轨道。为进一步明确高等职业教育的发展,1999年6月,国务院首次提出在深化教育改革、全面推进素质教育的决定中大力发展高等职业教育,逐步调整现有的职业大学,独立成人高校和部分高校向职业技术学院转变,形成培养技术应用型人才的合力。

2000年,教育部发布了《关于加强高等职业教育人才培养的意见》,明确了人才培养的目标和内涵以及培养模式的基本特点,提出要加强教学、专业建设的基础建设,课程与教学内容体系改革、教学方法改革等重要内容。2002年,国务院发布《关于大力推进职业教育改革和发展的决定》,指出推进职业教育管理体制改革,要逐步建立国务院领导下的新的职业教育管理体制,实行分级管理,地方优先,政府统筹,社会参与。在短短十年的时间里,在一系列政策法规的指导下,我国职业教育不断完善和规范,在教育体系中占据了独特的地位。但由于职业教育发展定位不明确,内涵建设不足,人才培养质量不高,职业教育改革迫在眉睫。

(四) 职业教育内涵式发展阶段

2005年是我国职业教育由量变向质变的重要过渡时期,也是我国职业教育走向内涵式发展的标志性时期。2005年,国家提出重点建设100所高职院校,拉开了提高高职教育质量的大幕。2006年,教育部印发了《关于全面提高高等职业教育教学质量的若干意见。同年11月,教育部、财政部联合实施《全国示范性高职院校建设规划》,上述措施为职业教育水平和质量的提高奠定了良好的基础。每一所学校都可以根据自身实际,有选择地逐步提高办学质量,走向高等教育的内涵式发展。

2010年,《国家中长期教育改革和发展规划纲要(2010—2020年)》颁布。2015年,教育部指出,要深化职业教育教学改革,全面提高人才培养质量。2016年,中央大力推进供给侧结构性改革,体现在职业教育上,要求职业院校优化专业结构,提高人才培养质量。这一系列措施反映了我国职业教育发展正由"供给导向"向"需求导向"转变,由"规模扩张"向"质量提升"转变,是在数量与质量、规模与效益全面发展的条件下,以质量提升为核心的新的发展模式。

第二节

我国职业教育的宏观政策

改革开放以来,国家大力发展职业教育,制定了《中华人民共和国职业教育法》;国务院先后发布了《国务院关于大力推进职业教育改革与发展的决定》(国发〔2002〕16 号)、《国务院关于大力发展职业教育的决定》(国发〔2005〕35 号);2019 年,国家又发布了《国家职业教育改革实施方案》(国发〔2019〕4 号);教育部、人力资源和社会保障部、财政部等部门先后发布相关配套文件,我国关于职业教育的宏观政策体系基本建立。

一、对我国职业教育发展有清醒的认识和判断

《教育部等七部门关于进一步加强职业教育工作的若干意见》(教职成〔2004〕12 号)指出,《国务院关于大力推进职业教育改革与发展的决定》发布以来,各级政府和有关部门加强了对职业教育工作的领导和支持,以就业为导向改革与发展职业教育逐步成为社会共识,高等职业教育得到快速发展,中等职业教育出现逐步回升的良好势头,职业教育主动服务经济社会的意

识明显增强。但总体上看,职业教育仍然是我国教育的薄弱环节,一些地方和部门在统筹人力资源开发中仍存在着忽视技能人才培养和使用的倾向,在统筹各类教育发展中仍存在着忽视职业教育的倾向,推进职业教育改革与发展的措施还不够有力。一方面,生产服务一线技能人才特别是高技能人才严重短缺,广大劳动者的职业技能和创业能力与劳动力市场需求有较大差距;另一方面,职业教育发展面临诸多困难,办学条件比较差,办学机制不够灵活,人才培养的数量、结构和质量还不能很好地满足经济建设和社会发展的需要。

《国务院关于大力发展职业教育的决定》指出,2002年全国职业教育工作会议以来,各地区、各部门认真贯彻《国务院关于大力推进职业教育改革与发展的决定》加强了对职业教育工作的领导和支持,以就业为导向改革与发展职业教育逐步成为社会共识,职业教育规模进一步扩大,服务经济社会的能力明显增强。但从总体上看,职业教育仍然是我国教育事业的薄弱环节,发展不平衡,投入不足,办学条件比较差,办学机制以及人才培养的规模、结构、质量还不能适应经济社会发展的需要。

2019年的《国家职业教育改革实施方案》指出,职业教育与普通教育是两种不同的教育类型,具有同等重要的地位。改革开放以来,职业教育为我国经济社会发展提供了有力的人才和智力支撑,现代职业教育体系框架全面建成,服务经济社会发展能力和社会吸引力不断增强,具备了基本实现现代化的诸多有利条件和良好工作基础。随着我国进入新的发展阶段,产业升级和经济结构调整不断加快,各行各业对技术技能人才的需求越来越紧迫,职业教育的重要地位和作用越来越凸显。但是,与发达国家相比,与建设现代化经济体系、建设教育强国的要求相比,我国职业教育还存在着体系建设不够完善、职业技能实训基地建设有待加强、制度标准不够健全、企业参与办学的动力不足、有利于技术技能人才成长的配套政策尚待完善、办学和人才培养质量水平参差不齐等问题,到了必须下大力气抓好的时候。

以上三个文件从不同时期强调了发展职业教育对我国经济社会发展以及社会主义建设的重大意义以及发展职业教育的紧迫性;从不同时期指出了职业教育发展的良好态势;但是,也令人更清醒地认识到我国职业教育仍然是我国教育的薄弱环节,一些地方和部门在统筹人力资源开发中仍存在着忽视技能人才培养和使用的倾向,在统筹各类教育发展中仍存在着忽视职业教育的倾向,推进职业教育改革与发展的措施还不够有力。我国职业教育发展与发达国家相比,与建设现代化经济体系、建设教育强国的要求相比,存在不少短板,亟待解决。

二、我国发展职业教育的措施与手段

发展职业教育必须提出有力的措施与手段,国家根据各个时期的实际情况提出了具体的方案。

《教育部等七部门关于进一步加强职业教育工作的若干意见》从以下八个方面提出了我国职业教育发展的举措:一是坚持以就业为导向,增强职业教育主动服务经济社会发展的能力;二是切实加快技能人才培养,为新型工业化提供人力资源支持;三是大力加强农村职业教育,为解决"三农"问题提供服务;四是深化办学体制改革,促进多元办学格局的形成;五是完善就业准入制度和职业资格证书制度,积极推进职业院校学生职业资格认证工作;六是加快职业教育实训基地建设,切实提高学生职业技能;七是深化职业院校人事制度改革,加强"双师型"教师队伍建设;八是多渠道增加投入,为职业教育的改革与发展提供坚实的条件保障。

《国务院关于大力发展职业教育的决定》根据当时我国职业教育发展的实际,从以下三个方面对职业教育可持续发展提出了具体要求:一是坚持以就业为导向,深化职业教育教学改革,推进职业教育办学思想的转变,坚持"以服务为宗旨、以就业为导向"的职业教育办学方针,积极推动职业教育从计划培养向市场驱动转变,从政府直接管理向宏观引导转变,从传统的升学导向向就业导向转变。进一步深化教育教学改革。根据市场和社会需要,不断更新教学内容,改进教学方法。加强职业院校学生实践能力和职业技能的培养。高度重视实践和实训的教学环节,继续实施职业教育实训基地建设计划,在重点专业领域建成2000个专业门类齐全、装备水平较高、优质资源共享的职业教育实训基地。大力推行工学结合、校企合作的培养模式。与企业紧密联系,加强学生的生产实习和社会实践,改革以学校和课堂为中心的传统人才培养模式。要把发展职业教育作为城市与农村、东部与西部对口支援工作的重要内容。各地区要加强统筹协调,把职业教育对口支援工作与农村劳动力转移、教育扶贫、促进就业紧密结合起来。把德育工作放在首位,全面推进素质教育。坚持育人为本,突出以诚信、敬业为重点的职业道德教育。二是加强基础能力建设,努力提高职业院校的办学水平和质量。建立和完善遍布城乡、灵活开放的职业教育和培训网络。加强县级职教中心建设,继续实施县级职教中心专项建设计划,国家重点扶持建设1000个县级职教中心。加强示范性职业院校建设,实施职业教育示范性院校建设计划,在整合资源、深化改革、创新机制的基础上,重点建设高水平的培养高素质技能型人才的1000所示范性中等职业学校和100所示范性高等职业院校。加强师资队伍建设,实施职业院校教师素质提高计划,地方各级财政要继续支持职业教育师资培养培训基地建设和师资培训工作。三是积极推进体制改革与创新,增强职业教育发展活力。推动公办职业学校办学体制改革与创新,深化公办职业学校以人事分配制度改革为重点的内部管理体制改革。大力发展民办职业教育,贯彻落实《中华人民共和国民办教育促进法》及其实施条例,把民办职业教育纳入职业教育发展的总体规划。依靠行业企业发展职业教育,推动职业院校与企业的密切结合。企业要强化职工培训,提高职工素质。要继续办好已有的职业院校;企业可以联合举办职业院校,也可以与职业院校合作办学;企业有责任接受职业院校学生实习和教师实践,对支付实习学生报酬的企业,给予相应的税收优惠。

2019年发布的《国家职业教育改革实施方案》从以下六个方面规划了我国职业教育的改革方向和具体措施。

一是完善国家职业教育制度体系。健全国家职业教育制度框架。把握好正确的改革方向,按照"管好两端、规范中间、书证融通、办学多元"的原则,严把教学标准和毕业学生质量标准两个关口。提高中等职业教育发展水平。优化教育结构,把发展中等职业教育作为普及高中阶段教育和建设中国特色职业教育体系的重要基础,保持高中阶段教育职普比大体相当,使绝大多数城乡新增劳动力接受高中阶段教育。改善中等职业学校基本办学条件。推进高等职业教育高质量发展,把发展高等职业教育作为优化高等教育结构和培养大国工匠、能工巧匠的重要方式,使城乡新增劳动力更多地接受高等教育。完善高层次应用型人才培养体系。完善学历教育与培训并重的现代职业教育体系,畅通技术技能人才成长渠道。发展以职业需求为导向、以实践能力培养为重点、以产学研用结合为途径的专业学位研究生培养模式,加强专业学位硕士研究生培养。

二是构建职业教育国家标准。完善教育教学相关标准。发挥标准在职业教育质量提升中的基础性作用。按照专业设置与产业需求对接、课程内容与职业标准对接、教学过程与生产过程对接的要求,完善中等、高等职业学校设置标准,规范职业院校设置;实施教师和校长专业标准,提升职业院校教学管理和教学实践能力。启动"1+X"证书制度试点工作。深化复合型技术技能人才培养培训模式改革,借鉴国际职业教育培训普遍做法,制订工作方案和具体管理办法,启动"1+X"证书制度试点工作。开展高质量职业培训。落实职业院校实施学历教育与培训并举的法定职责,按照育训结合、长短结合、内外结合的要求,面向在校学生和全体社会成员开展职业培训。实现学习成果的认定、积累和转换。加快推进职业教育国家"学分银行"建设,从2019年开始,探索建立职业教育个人学习账号,实现学习成果可追溯、可查询、可转换。

三是促进产教融合校企"双元"育人。坚持知行合一、工学结合。借鉴"双元制"等模式,总结现代学徒制和企业新型学徒制试点经验,校企共同研究制定人才培养方案,及时将新技术、新工艺、新规范纳入教学标准和教学内容,强化学生实习实训。推动校企全面加强深度合作。职业院校应当根据自身特点和人才培养需要,主动与具备条件的企业在人才培养、技术创新、就业创业、社会服务、文化传承等方面开展合作。打造一批高水平实训基地。加大政策引导力度,充分调动各方面深化职业教育改革创新的积极性,带动各级政府、企业和职业院校建设一批资源共享,集实践教学、社会培训、企业真实生产和社会技术服务于一体的高水平职业教育实训基地。多措并举打造"双师型"教师队伍。从2019年起,职业院校、应用型本科高校相关专业教师原则上从具有3年以上企业工作经历并具有高职以上学历的人员中公开招聘,特殊高技能人才(含具有高级工以上职业资格人员)可适当放宽学历要求,2020年起基本不再从应届毕业生中招聘。

四是建设多元办学格局。推动企业和社会力量共同举办高质量职业教育。做优职业教育培训评价组织。

五是完善技术技能人才保障政策。提高技术技能人才待遇水平。支持技术技能人才凭技能提升待遇,鼓励企业职务职级晋升和工资分配向关键岗位、生产一线岗位和紧缺急需的高层次、高技能人才倾斜。健全经费投入机制。

六是加强职业教育办学质量督导评价。建立健全职业教育质量评估。支持组建国家职业教育指导咨询委员会。

三、《国家职业教育改革实施方案》需要关注的五个问题

（一）关于职业教育的地位

关于职业教育的地位，"职业教育20条"开篇第一句明确指出，职业教育和普通教育是两种同等重要的不同教育类型。多年来，我国职业教育一直处于参照普通教育办学的状态。从专业设置、课程设置，到教师配置，都在模仿普通教育，学科属性不明显，专业属性不足，不能体现职业教育应有的特征和优势，使职业教育总是成为普通的附属。在改革和发展的目标中，文件再次重申职业教育要"从参照普通教育的办学模式，向企业社会参与的具有鲜明专业特色的教育类型转变"，这标志着我国多年参照通识教育办职业教育的历史将结束，职业教育作为"二等教育"的形象将逐步改变，职业教育的地位将大大提高。

（二）关于毕业要求

关于职业院校学生毕业要求，有两个变化：首先，从2019年3月起，试点实施"1＋X证书"教育证书和职业技能等级证书交换模式，鼓励取得教育证书的同时，积极取得多种职业技能等级证书，提高就业和创业能力，但职业技能等级证书不是毕业的限制条件，通过鼓励学生获得职业资格证书，可以激发学生提高专业学习的积极性；其次，提供现有教育证书，参加考试期间的技能等级证书考试，部分内容可以免除考试。这些变化借鉴国外高校的先进经验，构建"宽进严出"的考核体系，可以有效避免"一考定终身"的严进宽出的现象，防止高分低能情况的蔓延，从而在考核激励方面为职业教育可持续发展提供支持。

（三） 关于校企合作

"职业教育20条"提出,在全国产业教育一体化试点建设的基础上,建立产业教育一体化企业认证体系,对进入目录的产教一体化企业给予"金融＋金融＋土地＋信贷"的组合激励,并按规定执行相关税收政策。校企合作是一种"双赢"模式,注重培养质量,注重学生在校学习与企业实践相结合,注重发挥学校与企业积极性,资源、信息共享性。但多年来,"校热企冷"的问题一直没有得到根治,合作的效果也不如人意。这意味着多年来,我国高职院校寻找合作企业难的时代将逐步结束,"一头热"的合作局面将逐步打破,困扰高职院校多年的没有制度、政策支持的校企合作状态将逐渐化解,校企积极性都能得到充分发挥的"双赢"局面将会出现。

（四） 关于"双师型"师资建设

"职教20条"提出,从2019年起,职业院校、应用型本科高校相关专业教师原则上从具有3年以上企业工作经历并具有高职以上学历的人员中公开招聘,2020年起基本不再从应届毕业生中招聘。到2022年,"双师型"教师(同时具备理论教学和实践教学能力的教师)占专业课教师总数超过一半,分专业建设一批国家级职业教育教师教学创新团队。这意味着职业院校双师型师资队伍建设有了制度支撑,职业院校教师的入行将更为严格,这将从根本上改变职业院校师资的无职业特色的状况。

（五） 关于职业教育国家标准

"职教20条"提出,要构建职业教育国家标准,"持续更新并推进专业目录、专业教学标准、课程标准、顶岗实习标准、实训条件建设标准(仪器设备配备规范)建设和在职业院校落地实施"。没有统一的标准,就无法衡量职业教育办学质量的好坏。职业教育国家标准的提出,对于提升我国职业教育的质量将发挥积极作用。这也意味着我国职业教育将进入"国家标准"时代,衡量我国职业教育质量这一"标尺"将会在我国职业教育今后的发展中发挥重要的作用。

第三节

新发展形势下我国职业教育面临的机遇和挑战

一、新形势下职业教育发展面临的挑战

（一）全球化带来的挑战

当前，全球化进程加快，全球经济迎来第三个黄金增长期，这给全社会带来了机遇和挑战，社会发生了巨大变化。首先，技术升级速度加快。随着人工智能的飞速发展，终身学习已成为必然。其次，经济结构调整加快，全球产业格局已进入加速调整期。"根据世界银行的预测，全球产业格局将出现明显调整。农业在全球产业结构中的比重将继续下降，工业特别是制造业比重也将出现明显下降，服务业比重将显著提高。"取其精华，取其糟粕，职业教育必须做出相应的变革。再次，经济全球化进程加快。渣打银行在研究报告中指出，2000—2030年是西方工业革命以来的第三个超级周期，全球经济将保持2.7%的年增长率。改革开放以来，我国职业教育取得了举世

瞩目的成就,但与发达国家相比,仍显滞后。提高劳动力素质将成为中国实现现代化和伟大中国梦的关键一步。

(二) 就业结构矛盾进一步加剧带来的挑战

在经济学中,萨缪尔森将失业分为两类:均衡失业和非均衡失业,其中非均衡失业包括周期性失业和结构性失业。在我国经济转型和现代产业体系建设过程中,产业结构和产业内技术结构的调整正在加快。新技术和新兴产业的发展所引起的生产过程和工艺变化,使专业岗位的层次结构呈上升趋势,对劳动者的素质和技能提出了新的更高的要求。但我国在产业转型升级过程中,劳动者技能素质结构仍存在问题。现有的人力资源不能完全匹配新的就业岗位,导致劳动力需求和劳动力供给的错位,导致"招聘困难"和"就业难"等结构性失业问题。结构性失业的主要原因是劳动者素质结构失衡,导致劳动力市场所需技能与劳动者实际提供的技能不匹配。

(三) 办学水平不完善带来的挑战

目前,我国职业教育的结构顺序存在诸多问题。主要体现在以下几个方面:一是人才结构方面,制造业高级技术人员严重短缺。由于我国职业教育不重视学生的职业发展和职业生涯规划,导致学生缺乏可持续发展能力。二是办学水平方面,高职教育与本科教育衔接不到位,符合职业教育特点的学位制度尚未出台,处于"尴尬"的境地。我国的职业教育在学术层面还没有打通高等职业教育、本科教育和研究生之间的通道;职业教育和普通教育之间难以实现相互转化,界限明确,这阻碍了学生的进一步学习和资格证书的升级。三是专业结构方面。我国专业人才需求预测机制不完善,职业教育专业结构缺乏规划,存在专业结构重叠、同质化现象。四是生源层次方面。高职院校生源层次低,而且高职院校面临生源危机和生存危机,失去了越来越多的招生自主权和选择权。五是专业调整方面。职业院校存在着学校专业设置老化,专业调整机制滞后,很难满足学生的需要、跟上社会发展的步伐。

(四) 对职业教育存在的偏见带来的挑战

近年来,人们对职业教育的观念在不断改变,但职业教育对于大多数学生和家长来说,始终是成为他们被动的选择,或者说是一种无奈之举。一项调查显示,全国只有4%的家长愿意让孩子上高职或技校。为什么庞大多样的职业教育要面临这样的尴尬局面呢? 这是因为人们对职业选择的偏见根深蒂固。长期以来,"劳心者治人,劳力者治于人"的封建思想一直影响着人们的职业选择。社会逐渐形成了"轻职业教育"的文化传统和价值观,这不仅不利于职业教育的发展,而且严重影响了我国工业化发展和社会转型的进程。

二、新形势下职业教育面临的新机遇

(一) 经济全球化背景下人才需求带来的机遇

20世纪的第三次科技革命发展到今天。经济全球化是以信息技术、航天技术、生物工程技术和新能源新材料技术为代表的新科技革命所激发的知识经济全球化。在经济全球化的今天,知识经济已经成为经济全球化的重要趋势,也成为早期经济全球化与当前经济全球化的根本区别。在经济全球化的进程中,技术和知识在经济发展中发挥着重要的作用,由此产生了社会经济高度智能化的知识经济。高度智能化的社会经济源于创新,创新源于人类创造性的脑力劳动。高素质人才提供创造性的脑力劳动,当代知识经济实际上是由高素质人才支撑的智力经济。

目前,我国人才结构呈金字塔形,劳动者技能低下,人才结构不合理。我国技术工人中,初级工人、中级工人与高级工人之间的比例很不均衡,与发达国家40%的水平相差甚远。在经济全球化进程中,与第一次工业化相对应的人才结构应该是金字塔形,而在当今知识经济时代,合理的人才结构应该是橄榄型。经济转型升级需要大量高技能人才。中国是制造大国,不是制造强国,更不是处于全球价值链高端的创造大国和创造大国。原因是多方面的,也很复杂,但有一点是清楚的,那就是中国制造团队的整体素质不高,制约了产品和产业质量的提高。要适应习近平总书记强调的新常态,就必须打造经济升级版,从低附加值制造业向高附加值制造业转变,从制造业向创造业转变。要实现这一转变,劳动者职业能力建设是关键。

我国当前人才结构仍处于经济全球化的初级阶段,专业技术人才和高层次技术人才的缺乏制约着我国经济的发展。职业教育作为我国教育体系的重要组成部分,是技能型人才培养的主要途径。因此,大力发展职业教育是经济全球化我国应对技能人才短缺的重要策略,也是我国职业应该抓住的机遇。

(二) 党和政府高度重视职业教育带来的机遇

习近平总书记在关于加快发展职业教育的重要指示中强调,职业教育是国家教育体系和人力资源开发的重要组成部分,是青年人打开成功之门的重要途径,是培养多样化人才、传承技能、促进就业创业的重要责任。国家对职业教育的发展给予了前所未有的支持。国家把职业教育放在我国未来教育体系中特殊而重要的地位,不仅投入大量资金改善办学条件,免除农村学生、城市涉农专业和家庭经济困难学生的学费,还免除了19个省、区、市的学费,还在体制、机制、学校等方面迈出了实质性步伐。国务院发布的《关于加快发展现代职业教育的决定》,对加快发展现代职业教育作出了全面布署。提出"到2020年,形成适应发展需要、产教深度融合、中等职业教育与高等职业教育相衔接、通识教育相结合的中国特色、世界水平的现代教育,体现终身教育理念的职业教育体系"。基于此,国家将出台一系列发展政策和改革措施,促进职业教育的高质量发展。比如,教育部正采取试点推广、示范指导等方式,引导一批普通本科院校向应用技术类院校转型,重点发展本科职业教育。独立学院转为独立高等学校时,鼓励定位为应用技术型高等学校。招生、投资等政策措施向应用技术类院校倾斜。当然,这种转型会遇到不同规模的阻力,但其在促进职业教育发展方面的价值是值得期待的,因为这些普通本科院校的办学历史和社会声誉都强于许多职业院校。他们转变为实用型、应用型、就业型的应用型高校,从而提高职业教育的质量和吸引力,将发挥重要的引领作用。

(三) 社会力量参与职业教育发展带来的机遇

《民办教育促进法》颁布实施后,社会力量将积极投入兴办职业教育中去,现有的民办高校中,民办职业院校占了很大的比例。社会力量不仅为教育发展注入了巨额资金,而且推动了教育体制机制改革。在职业教育发展方面,社会力量参与的动力空前增强。一是因为企业对高技能人才的需求旺盛,促使企业直接或间接参与高技能人才的培养。事实上,大多数有远见、有实力的企业,都会主动与职业院校对接,甚至自办企业大学(学院),为自己吸引或培养人才。二是因为职业教育作为国家重点扶持的教育类型,是一个值得投资的领域,有很大的回报空间。特别是政府鼓励社会力量兴办职业教育。对此,《关于加快发展现代职业教育的决定》明确规定:"积极支持各类办学单位通过独资、合资、合作等多种形式举办民办职业教育;探索发展股份制、混合所有制职业院校,允许其参与资本、知识、技术、管理等要素办学,享有与公办职业院校同等法律地位的社会力量办学的相应权利,并享受相关教育,依法制定财税、土地、财政等政策。完善政府补助、购买服务、助学贷款、基金奖励和捐赠奖励制度,鼓励社会力量参与职业教育的办学、管理和评价。"可以预见,新一轮社会力量参与职业教育的浪潮即将到来。

(四) 改革激发的个体对职业教育的需求带来的机遇

人们不愿接受职业教育或被迫接受的职业教育,主要原因是职业教育与非职业教育毕业生,在社会地位、工资报酬、求职等方面有很大差异,一些政策也歧视职业教育毕业生,致使职业教育多年来没有社会吸引力。然而,市场将在资源配置中发挥决定性作用。市场经济下这种情况正在改变,高级技能人才的社会地位,收入等正在改变人们对职业教育毕业生的偏见。《国务院关于进一步推进户籍制度改革的意见》明确提出要建立城乡统一的户籍制度,取消农业、非农业户籍性质与衍生蓝本户籍的区别,统一登记为居民户口。同时,要全面放宽小城镇的建镇和落户限制,稳定户籍,加大城镇常住人口基本公共服务力度。这意味着劳动力市场的制度性分工将逐步被打破。一个人只要有一项技能,就能为社会创造价值,就能创造属于自己的幸福生活。无论是来自职业教育还是普通教育,他都有发展的空间、都有出人头地的机会,都能受到社会的尊重。如果是这样,人们对教育类型的选择就会多样化,就不会在走高考的"独木桥"。年轻人会根据个人爱好、就业前景来选择将来接受什么类型的教育。基于个人和家庭愿望的职业教育需求将成为职业教育发展的最强大动力。

03

关于我国大学生就业工作

· 第一节 ·

做好我国大学生就业工作的重大意义

促进高校毕业生就业创业,既是民生,也是国计,事关广大群众切身利益,事关社会和谐稳定,事关社会主义现代化建设,事关高等教育健康发展。

一、高校毕业生就业创业关乎广大群众根本利益

李克强总理指出,就业对于一个家庭来说那是天大的事,没有一个人就业,一个家庭就毫无生气。如果大学生毕业就失业,那就没有希望,所以我们要将心比心,各级政府及其工作人员,都要把就业放在心上,扛在肩上。就业是关乎民生,关乎生存之道。关乎每个家庭的幸福生活。大学毕业生是就业的关键群体之一,做好大学生就业工作,是经济转型升级的需要,是民生福祉的需要。大学生接受高等教育、学习先进文化、富有创新意识,他们是就业人口的主力军,也是生力军。每年的毕业季就是高校毕业生接受社会"检阅"的时候,他们活着来到祖国"心脏"北京,寻找心中的"圣地",或者来到国家的经济中心上海,感受国家飞速发展的"真实",有的回到农村做

了村干部,有的到了西部,做了一个无怨无悔的志愿者;他们都通过自己的努力和才识找到职业的归宿,也实现了对家庭的承诺——成为家里的"支柱",为父母分忧。

二、高校毕业生就业创业关乎社会稳定

要从社会和谐稳定的角度看大学生的充分就业问题。社会和谐稳定是我们从事一切事业的基础,没有稳定,一切无从谈起。从表面上看,大学生就业是学生个人的事,其实这种看法很片面,大学生就业是高校、社会、政府的共同大事,大学生的就业状况最终会影响到整个社会的稳定与发展。大学生群体是一个大的社会群体,是一个身心活跃的、思想前卫的群体,也是一个需要正确引导,给予关心、关怀的群体。如果不从社会稳定的角度看待大学生的就业问题,将会产生严重后果,这是必须认清和坚持的一个观念。另外,就业是民生之本,一个大学生就业就能支撑起一个家庭的基本生活,一个不能顺利就业的大学生不管是对自己、家庭、社会来说都是一个"负担",最终会影响社会的稳定。

三、高校毕业生就业创业关乎社会主义现代化建设

社会主义现代化建设需要高素质人力资源的支撑。改革开放以来,我国高等教育实现高速发展,培养了大批的高素质人才,为我国社会主要现代化建设做出了重要贡献。随着经济社会的发展以及我国高等教育的跨越式发展,大学生就业成了一个值得关注的问题。大学生就业难有各方面的原因,既有主观个人原因,也有经济、社会、政策等方面的客观原因。但是,不管什么原因,都要从社会主义现代化建设的高度加以认识,不断克服阻碍大

学生就业的各种困难。第一，要从国家政策层面为大学生充分就业提供有力的政策支持；第二，要改革高校人才培养制度，既要注重人才培养的数量，也要注重人才培养的质量，从而培养出适销对路的社会需要的人才；第三，要加强大学生综合素质培养，不但要使其顺利就业，还要让其成为有可持续发展能力的"人"；第四，从高校就业部门来说，要做好大学生就业服务与指导工作，为大学生就业提供机制保障。总之，社会主义现代化建设正需要一大批高素质的建设者，社会也需要把这些建设者顺利地输送到适合他们的岗位上去，这需要各方的共同努力。

四、高校毕业生就业创业关乎高等教育健康发展

高校承担者培养人才的任务，大学生就业状况的好坏，也体现了高校是完成这一任务的成败。如果一个大学学生就业率低，就业质量差，人们就会对这个失去信心，就会影响招生，影响这个高校健康发展。在高等教育大众化的背景下，如果忽视或不重视人才培养质量，盲目扩张，盲目招生，不管毕业的就业，不重视就业质量，对我国高等教育的发展将是一种打击。在我国经济社会发展的现状下，高等教育特别是高等职业教育应把就业作为一个学校发展的基础和可持续发展的重点来考虑。就业关乎民生福祉，高校毕业生也关乎我国高等教育的健康发展。

第二节

我国大学生就业面临的挑战和对策

我国目前正处于经济转型升级的战略机遇期,新经济、新业态、新产业的发展为高校毕业生提供了多元的就业机会,毕业生人数虽然持续处于高位,但就业形势总体平稳。我国政府出台了一系列促进高校毕业生就业创业的政策体系和服务措施,保障了毕业生就业平稳有序。同时,高校毕业生就业还面临着一些挑战,结构性就业矛盾显现,就业质量有待进一步提高,慢就业群体需要密切关注,部分地区就业形势更加严峻。对此,需要进一步完善促进高校毕业生就业创业的相关政策措施。

一、我国大学生就业面临的挑战

(一) 大学生就业供求关系上的结构性矛盾

从高校角度看,用人单位的要求与高校人才培养脱节。与经济发展相适应,我国多数高校在办学理念和定位上多为培养应用型的高级专业人才,但在实施教育过程中偏向于培养理论型、学术型人才,这与社会人才需求脱节,存在着理念上"精英化"定位与现实"技术性"需求的结构性矛盾。这导致在就业市场上出现一面是服务业和高技能人才这两大类就业岗位急需用人,而另一面却是大量的高校毕业生因不能满足这类岗位需求而出现有业不就和人才断档的现象。

从毕业生自身看,毕业生预期与市场需求的结构性失衡。一是毕业生流向与地区经济发展状况相关联,导致毕业生流向与人才需求矛盾突出。经济较发达的中东部地区是每年毕业生最期望就业的地域,而经济发展比较缓慢的西部地区、东北老工业基地以及大量的农村和基层岗位等,却很少有毕业生问津。二是就业观念的滞后,导致供需矛盾。这表现在机关、事业单位和大型国企这些相对稳定的单位仍然是追逐热点,而大量中小企业、艰苦行业却是毕业生宁愿"坐、等、靠"也不愿去就业的。

从市场需求看,就业总量压力大,供大于求的局面难以转变。据人社部统计,"十三五"期间,我国每年需要在城镇安排就业的人数,仍然维持在2500万人。主要是高校毕业生、历年未就业的高校毕业生、中职毕业生和初高中毕业以后不再继续升学的学生,以及"十三五"期间供给侧结构性改革工作中化解产能过剩过程中增加的下岗失业人员,使得待就业人员数量增多,就业压力增大。特别是因经济增长速度放缓,毕业生的增长数量远大于市场所能提供的就业岗位数量,造成毕业生就业竞争激烈。

(二) 毕业生的就业质量问题值得关注

研究结果表明,我国高校毕业生就业率呈现向好趋势,但就业质量存在较大下降风险,需要引起特别关注。影响毕业生就业质量的根本原因是毕业生就业预期与现实的就业形势背离,高校人才培养与市场需求错位,从而导致人才与市场对接的错位,使得高校培养的毕业生不能很好地符合市场的要求。另外,经济社会发展不平衡导致的就业资源分配不均,导致学生毕业的院校可以决定他们职业的好坏。

高校高度重视就业工作,把就业率高作为反映学校发展水平和质量的重要指标,出台扶持学生就业的政策,加大就业工作投入,加强对学生的职业指导等。这些举措使高校毕业生就业率持续上升。但是,伴随着高就业率而来的却是就业满意度低,这主要体现在就业质量低,就业稳定性、职业可持续发展等就业质量指标有待提高。因此,提高就业质量已成为新时期高职院校发展水平的重要体现,也是高校人才培养需要研究的课题。

(三) 不愿就业的毕业生群体要引起重视

"95后"毕业生不愿就业或者畏惧就业的情况在高校并不少见,他们往往不顾学校和家长的催促,迟迟不愿意去找工作。发生这种情况的原因,一是有些学生家庭环境优越,不愁生存问题;二是创业热潮盛行,有创业冲动;三是爱自由、不将就的性格,找不到自己满意的工作就宁可待在家里。对这部分群体,高校学生管理和就业部门要引起重视,既要做好教育工作,加强就业意识教育和自食其力教育,又要做好引导工作,引导学生正确对待创新创业,不盲目创业。

(四) 用人单位的要求越来越高

由于社会工作岗位供不应求,目前大学生就业市场俨然已成了用人单位的买方市场,用人单位自主权加大,导致其对毕业生的应聘要求越来越高。一方面来说,现在用人单位很看重应聘者的工作经验,以便实现利益的最大化。但一般来说,应届毕业生由于缺乏实际操作经验,从学生到职员的转换期间需要一个较长的熟悉工作和岗位的过程。所以对用人单位来说,为提高经济效益,他们宁愿找有经验的老员工也不愿要毫无经验的毕业生新手。另一方面,现在用人单位对应聘者的学历要求越来越高。在一般用人单位的眼里,学历越高,能力越强,同时高学历也可提升公司的知名度与形象。所以在招聘时,各用人单位很愿意招研究生,而本科生就备受冷落。同时,那些名牌高校毕业生相较于普通高校毕业生来说更受欢迎。

(五) 对高校毕业生的需求呈现明显区域差异

分析几家网络招聘平台的数据可以看出,高校毕业生招聘数量、规模上的差异与各区域经济产业规模和发展情况高度关联。因此,在落实国家促进大学生就业的具体政策时,应充分考虑区域特点,协同推进本地区产业发展和大学生就业。

二、应对我国大学生就业挑战的策略

(一) 协同推进产业升级、高等教育结构调整与大学生就业工作

1. 产业结构调整,合理规划经济发展是政府的责任,培养人才是高校的责任,合理使用人才是企业的责任。政府、企业、高校应该各负其责,协同作为。对于政府来说,今后产业结构调整的方向是适当压缩劳动密集型工业和制造业的发展,加快发展知识和技术行业;同时要着力发展第三产业,尤其要重视信息、计算机服务、软件业、文化创意、金融业等行业的发展。作为企业来说,随着我国"人口红利"的逐渐消失,简单依靠廉价和充足劳动力获得经济效益越来越没有优势。在这种背景下,企业必须顺应劳动力市场供求形势的变化,推进企业技术进步和提高劳动生产率,把经济发展转移到更多依赖大学毕业生就业的轨道上来。

2. 优化教育专业结构,不是高校一方面的事情,中央政府、省级政府都

有责任,政府要科学制定教育政策,该下放的权力要下放。高校更应该发挥主观能动性,把自本学校的专业结构调整好。在政府层面,国家教育主管部门要着重从宏观调控、信息系统建设、总量控制、区域布局等方面加强对高等教育专业设置与调整的规制与管理,下放高等教育专业设置权限,放松对专业目录的限制,给予高校更多的专业设置和调整的自主权。国家和省级政府要根据大学生就业与失业情况、市场需求态势、经济发展趋势等建立专业预警机制,并在招生计划、专业存废、准入审批等方面进行调节和控制。在高校层面,不同高校要根据各自办学定位、人才培养目标、服务面向等,实施差异化发展战略,确定相应的学科专业结构;把改造旧专业与建设新专业结合起来,一方面要通过拓宽专业口径、确立新的培养方向、充实现代教学内容等途径提升传统专业品质,整合相关专业,另一方面要根据新兴产业发展趋势,在市场需求调研和专业论证的基础上,设置和建设新兴产业相关专业。

3. 加强大学生就业市场建设,促进大学生人才资源的自由流动。大学生就业要打破地域界限,突破制度障碍,建立全国统一的就业市场,让高校毕业生在全国可以自由择业、就业、安身、安家。大学生就业市场建设要打破地方保护主义、消除制度障碍,通过市场机制来实现大学生人才资源的合理配置和高就业效率;建立覆盖全国和区域之间共享的大学生就业信息平台,引导大学生有序高效流动;建立城乡、区域、行业之间一体化的社会保障体系,包括医疗保险、失业保险、养老保障、区域补助等,免除大学生自由流动的后顾之忧;在尊重人才市场规律和市场机制的基础上,充分运用政策杠杆,包括产业发展和产业转移政策、大学生就业促进政策等,来驱动大学生跨行业、跨区域就业,把稳定本区域大学生就业与引进区域外大学生就业结合起来。[①]

---

① 马廷奇《产业结构转型、专业结构调整与大学生就业促进》,《中国高等教育》2013
年第23期。

（二） 做好高校毕业生公共就业服务工作

就业服务要有精准服务的理念。政府就业服务部门会同高校开展大学大学生就业情况调查，了解他们的就业愿望、需求和就业能力，形成大学生就业大数据库，通过数据库进行研究、分析，作为高校毕业生就业指导工作的基础，作为政府就业宏观指导的科学依据。另外还要建立高校毕业生未就业数据库，为不同情况的大学生提供准确的就业服务。不仅要提供毕业前的职业指导、关怀，还要延伸到毕业后，关心每个不能就业的大学生，为毕业生提供长久的就业服务。

（三） 做好大学生职业技能培训以适应产业发展需要

政府要重视大学生职业素养和技能的提升，要加大力度改革高校教学内容和结构，使高校毕业生知识和技能能满足社会和企业的需要，要加大社会实践、企业实习等环节的比重。政府要鼓励企业开展校企合作，使他们愿意与高校合作，能从与高校合作中得到好处。对吸纳大学生实习实践的企业应给予税收优惠和资金奖补。政府部门和高校要共同举办大学生职业素养和技能大赛，通过举办职业大赛形成促使大学生提升职业素养和技能的社会氛围，让大学生充分认识到技能人才也是国家需要的建设者，从而引领他们不断提升职业能力。

我国做好大学生就业创业工作的有力政策

　　促进高校毕业生就业创业,既是民生,也是国计,事关广大群众切身利益,事关社会和谐稳定,事关社会主义现代化建设,事关高等教育健康发展。党和国家十分重视大学生就业创业工作,习近平总书记、李克强总理多次就大学生就业创业工作做出指示。

　　2013年5月14日至15日,中共中央总书记、国家主席、中央军委主席习近平在天津考察工作。习近平指出,就业是民生之本,解决就业问题的根本要靠发展。要切实做好以高校毕业生为重点的青年就业工作,加强城镇困难人员、退役军人、农村转移劳动力就业工作,搞好职业技能培训、完善就业服务体系,缓解结构性失业问题。他勉励当代大学生志存高远、脚踏实地,转变择业观念,坚持从实际出发,勇于到基层一线和艰苦地方去,把人生的路一步步走稳走实,善于在平凡岗位上创造不平凡的业绩。他要求有关部门加大对高校毕业生自主创业的支持力度,对就业困难的毕业生进行帮扶。

　　2018年5月24日,全国普通高等学校毕业生就业创业工作电视电话会议在京召开。中共中央政治局常委、国务院总理李克强做出重要批示。批示指出：促进高校毕业生就业创业，关系基本民生，也是加快创新型国家建设的重要支撑。2018年高校毕业生人数再创新高，达820万人，促进就业任务更为繁重。各地区、各部门要以习近平新时代中国特色社会主义思想为指导，认真贯彻党中央、国务院决策部署，把落实好就业优先战略和积极就业政策放在突出位置，认真细致地做好就业创业服务，大力拓宽毕业生就业渠道。进一步深化"放管服"改革，通过营造更好营商环境，打造大众创业、万众创新升级版，促进新产业新业态等新动能加快成长，创造更多适应毕业生特点和成才需要的管理型、智能型、技术型高质量就业岗位，充分释放他们的创新潜能和创造活力。各方面形成合力，千方百计保持高校毕业生就业水平总体稳定，为促进高质量发展和民生改善做出更大贡献。

在党和国家对大学生就业创业工作高度重视下，我国人力资源与社会保障部门和教育行政部门为做好我国大学生就业创业工作，总结经验，积极探索，制定的方针政策促进了我国大学生就业创业工作的顺利开展。

一、明确政策定位，把高校毕业生就业摆在就业工作首位

党和政府十分重视高校毕业生就业工作，始终坚持高校毕业生就业摆在就业工作首位。把促进高校毕业生就业创业放在既是民生，也是国计，事关广大群众切身利益，事关社会和谐稳定，事关社会主义现代化建设，事关高等教育健康发展的高度看待。坚持把"稳就业"放在更加突出的位置，努力实现高校毕业生更高质量和更充分就业。

二、抓住工作主线，全面落实高校毕业生就业创业政策

坚定不移地把政策落实作为高校毕业生就业创业工作的主线。加强统

筹实施,将高校毕业生就业创业政策与经济政策、引才引智政策有机结合,在推动产业转型升级、区域协调发展、实施乡村振兴战略、支持小微企业创新发展中,多渠道开发适合毕业生的就业岗位。巩固基层就业主阵地,深入实施高校毕业生基层成长计划,统筹推进"三支一扶"计划等服务项目,加强政策引导和服务保障,鼓励毕业生到城乡基层、中西部地区、艰苦边远地区就业创业。加大宣传解读,开展"筑梦未来与你同行"高校毕业生就业创业政策宣传推介活动,用好报刊网端等媒介,将各项政策打捆打包、广而告之,引导帮助更多毕业生熟悉政策、运用政策。优化经办流程,拓展政策申请渠道,推进政策受理、审核、发放全程网上办理,提供一站式服务、"最多跑一次"等便利。健全落实推进机制,把督促检查贯穿政策落实全程,大兴调查研究之风,及时推动解决政策实施中遇到的困难和问题,使政策更好地助推毕业生就业创业。

三、拓宽就业领域,促进高校毕业生全方位多渠道就业

(一) 引导毕业生到基层就业

贯彻落实中共中央办公厅、国务院办公厅《关于进一步引导和鼓励高校毕业生到基层工作的意见》,落实基层就业学费补偿贷款代偿、考研加分等优惠政策。继续配合相关部门组织实施好"特岗计划""大学生村官""三支一扶""大学生志愿服务西部计划"等基层就业项目,结合地方实际适当扩大地方基层项目的实施规模。围绕乡村振兴战略,引导毕业生到现代农业生产、经营等领域就业创业。发挥服务业最大就业容纳器的重要作用,鼓励毕业生到文化创意、健康养老、服务外包等现代服务业就业创业。鼓励高校毕业生到社会组织就业。

（二） 促进毕业生到中小微企业就业

鼓励和促进高校毕业生到实体经济就业,充分发挥中小微企业吸纳毕业生就业的主渠道作用。积极配合有关部门落实小微企业吸纳毕业生的社保补贴、培训补贴、降税减费等优惠政策。加强与中小微企业的沟通联系,广泛收集中小微企业招聘信息,积极组织中小微企业进校园招聘,进一步办好全国中小企业网上百日招聘等活动。

（三） 服务国家战略开拓就业岗位

主动对接国家经济社会发展的人才需要,围绕"一带一路"建设、雄安新区建设、长江经济带发展、粤港澳大湾区建设、海南自贸试验区建设等,引导毕业生到重点地区、重大工程、重大项目、重要领域就业。落实区域协调发展战略,鼓励毕业生到中西部地区、东北地区和艰苦边远地区就业创业。要加大对"三区三州"等深度贫困地区的教育脱贫攻坚力度,结合实际制定激励政策,引导毕业生到贫困地区就业创业。

（四） 拓展新兴业态就业空间

结合学科专业特色,主动对接以技术集成和商业模式创新为特点的新兴业态人才需求,充分利用平台经济、众包经济、共享经济、数字经济等新兴业态,支持鼓励毕业生实现多元化就业。配合有关部门落实相应的社会保障政策和灵活就业、自主创业扶持政策,引导毕业生主动适应新就业形态、新用工方式。

（五） 继续做好大学生征兵工作

深入贯彻习近平总书记给南开大学新入伍大学生的回信和勉励语精

神,认真落实学费资助、复学升学、就业创业等优惠政策。密切配合兵役机关,面向毕业生、在校生、新生开展有针对性的宣传,集中播放征兵公益宣传片,发放应征入伍宣传单。落实好预订兵工作机制,为大学生入伍开辟绿色通道,鼓励更多大学生参军入伍。

（六） 支持大学生到国际组织实习任职

加大经费资助、教育教学、升学就业等政策支持力度。高校要结合学科专业特色,加大双语种或多语种复合型国际化专业人才的培养力度。将国际组织基本情况、职业发展路径等内容,纳入大学生就业指导教材和课程。进一步完善信息服务平台,及时收集发布国际组织招聘信息,开展专家讲座、政策咨询、社团活动等系列指导服务。鼓励高校与国际组织开展合作交流,进一步拓展实习任职渠道。

四、提升服务能力,多项措施并举助力高校毕业生就业创业

适应高校毕业生多元化、个性化就业需求,加强就业市场供需衔接和精准帮扶,指导帮助毕业生理性择业、积极就业、爱岗敬业。突出有针对性的职业指导,开展"高校毕业生就业指导百城行"活动,动员高级职业指导师等专业力量进校园、进社区,组织学生参观人力资源市场,通过指导、测评、体验等方式,提升毕业生职业素养和就业竞争力。加密就业服务专项活动,丰富民营企业招聘周、就业服务月、服务周、大中城市联合招聘等内容,运用"互联网＋"技术推进就业信息跨区域互通共享,用好高校毕业生精准招聘平台,发挥各类人力资源服务企业作用,更好地促进人岗匹配。做细做实就业帮扶,推动地市人力资源社会保障部门与所在地高校开展就业信息服务对接,协调教育部门在7月份毕业生离校时同步启动未就业毕业生信息交

换、报到接收、服务接续工作,完善信息核查、登记反馈、跟踪服务制度,逐一摸清需求,落实精细化帮扶措施。强化服务项目支撑,拓展一批高质量就业见习岗位,持续开展离校未就业高校毕业生技能就业行动,将有需求的毕业生都组织到就业准备活动中。更加注重就业托底,启动实施青年就业启航计划,聚焦长期失业、就业困难毕业生等青年,加大政策服务倾斜力度,帮助他们尽快适应和融入就业市场。

(一) 准确掌握供求信息

指导并明确要求各高校开展毕业生资源信息全面调查,帮助高校通过各种渠道广泛收集用人单位岗位需求信息。各高校要明确任务分工,层层抓好落实,辅导员、班主任、研究生导师要第一手了解每一位毕业生的就业状况和意愿,详细记录毕业生求职地域、意愿、薪水等就业意向。高校和院系要准确掌握单位性质、工作地点、学历要求、招聘条件等招聘信息,建立毕业生求职意愿信息数据库和用人单位岗位需求信息数据库。

(二) 建立精准对接服务平台

充分利用就业网、手机短信、就业 App、微信等渠道,建立供需精准对接服务平台。将毕业生求职意愿信息数据库与用人单位岗位需求信息数据库进行比对,智能化匹配学历、专业、地域等关键信息,为毕业生与用人单位精准推送符合要求的供需信息。要指定专门团队或人员负责服务平台的维护管理,及时收集、整理、发布供需信息,做到定期维护、适时更新、即时统计。教育部新职业网已建成精准对接服务平台和微信公众号,为高校毕业生提供政策、指导和岗位信息精准对接服务。

（三） 大力拓展服务内容

充分利用"互联网＋就业"新模式，采用青年学生喜闻乐见的形式，不断丰富精准对接服务内容。广泛利用手机等移动终端，开展订制服务，根据毕业生不同阶段需求和求职意愿，精准推送相应的就业政策、岗位信息、指导服务，实现就业服务个性化、差异化。要重点关心家庭困难毕业生、少数民族毕业生、农村生源毕业生、残疾毕业生等各类就业困难群体，实行"一生一策"动态管理，通过开展个性化辅导、精准岗位信息推送，做到精准帮扶，帮助他们尽快实现就业创业。

（四） 确保信息安全

牢固树立网络信息安全意识，进一步加强网络信息安全管理，确保毕业生个人信息安全。认真审核用人单位资质和招聘信息的真实性、有效性，严禁发布含有限定院校、性别、民族等歧视性招聘信息，严密防范招聘欺诈和"试用期陷阱"，维护毕业生合法权益，确保高校毕业生就业创业工作平稳有序进行。

五、加大权益保护，切实保护高校毕业生就业保障权益

把保障高校毕业生就业权益摆在突出位置，积极营造有利于就业公平和人才合理流动的良好环境。加强人力资源市场监管，严厉查处虚假招聘、违规收费、"黑中介"等违法违规行为，规范人力资源市场秩序。健全招聘信息管理制度，持续推进国有企业招聘应届高校毕业生信息公开，强化用人单位主体责任和招聘服务提供者信息审查责任，不得设置性别、民族等歧视性内容，确保毕业生能获得真实可靠的就业信息。加大就业权益保护宣传，在

招聘会现场、服务大厅和相关网站发布防范求职陷阱的专门提示、典型案例、维权警示和投诉渠道,增强毕业生风险防范意识和权益保护意识。促进就业顺畅流动,简化档案转递手续,做好集体户口落户、社会保险转移接续等工作,为毕业生跨区域、跨不同性质单位就业提供便利。

切实加强对高校毕业生就业创业工作的组织领导,树立务实进取的工作作风,健全就业目标责任制,强化部门协同配合,加大就业宣传和舆论引导,根据就业形势变化及时采取有针对性的措施,全力保持高校毕业生就业局势总体平稳。

六、推动"双创"升级,积极促进高校毕业生自主创业

(一) 全面深化高校创新创业教育改革

将创新创业教育贯穿人才培养全过程,把创新创业教育和实践课程纳入高校必修课体系,促进创新创业教育与专业教育有机结合、与思想政治教育深度融合。开展好大学生创新创业训练计划、中国"互联网＋"大学生创新创业大赛和"青年红色筑梦之旅"活动,着力培养学生的创新意识、实践能力和奋斗精神。

(二) 落实完善创新创业优惠政策

配合有关部门深化商事制度改革,进一步完善落实税费减免、创业担保贷款、创业培训补贴等优惠政策。按照《普通高等学校学生管理规定》要求,进一步细化创新创业学分积累与转换、弹性学制管理、保留学籍休学创业、支持创新创业学生复学后转入相关专业学习等政策,允许本科生用创业成果申请学位论文答辩。

(三) 加大创新创业场地和资金扶持力度

加强大学科技园、创业孵化基地等创新创业平台建设,为大学生创新创业提供场地支持。各高校要积极推动各类研究基地、实验室、仪器设备等教学资源向创新创业学生开放。有条件的地区要积极推进设立高校毕业生就业创业基金,高校要通过政府支持、学校自设、校外合作、风险投资等方式多渠道筹措资金,支持大学生自主创业。

(四) 加强创业指导与服务

进一步建立健全各级各类大学生创业服务平台,为大学生创业提供项目对接、财税会计、法律政策、管理咨询等深度服务。鼓励各高校聘请行业专家、创业校友、企业家等担任大学生创业团队指导教师,鼓励专业教师、实验室老师全程指导大学生创新创业。

七、加强组织引导,保障高校毕业生就业创业工作顺利开展

(一) 强化组织领导

认真落实就业工作"一把手"工程,切实做到"机构、场地、人员、经费"四到位。高校主要负责同志要亲自部署,分管领导要靠前指挥,院系领导要落实责任,辅导员(班主任)要密切关注毕业生就业进展情况。健全就业、招生、教学、学工、团委、科研等机构分工负责、协同推进的工作机制,千方百计促进毕业生就业创业。

（二） 深化思想教育和宣传引导

组织大学生学习习近平总书记关于青年成长、成才的重要论述,教育引导毕业生把个人理想融入国家和民族事业当中,鼓励毕业生到基层、西部、祖国最需要的地方建功立业。广泛宣传解读国家和地方促进就业创业的政策措施,帮助毕业生知晓政策、用好政策,营造就业创业的良好舆论氛围。

（三） 进一步加强就业工作规范管理

建立就业统计工作责任制,健全毕业生参与的就业状况统计核查机制。认真落实统计工作"四不准"要求,即不准以任何方式强迫毕业生签订就业协议,不准将毕业证书、学位证书发放与签约挂钩,不准以户档托管为由劝说毕业生签订虚假协议,不准将顶岗实习、见习证明材料作为就业证明材料。各地要对高校毕业生就业工作及数据进行认真核查,对查实的弄虚作假等问题要严查严处,并进行通报。

04

浙江金融职业学院
就业工作服务体系及特色成果

第一节

浙江金融职业学院就业工作服务体系

浙江金融职业学院作为国家首批示范性高职院校和全国毕业生就业典型经验高校,在高职教育改革创新不断深入的背景下,努力践行高等职业教育办学使命,始终坚持"就业立校、服务强校"的办学方针,肩负面向经济发展一线培养高素质技能型复合人才的社会责任,力争办出示范性高职院校教育特色。通过不断加强就业工作的实践创新,围绕创设就业教育文化环境、提升精准就业服务水平、丰富就业指导教育载体、深化就业质量跟踪调查、完善就业保障制度建设等五大内容,坚持做到教育到位、服务到位、指导到位、跟踪到位、保障到位,形成了具有高职教育办学特色的就业教育与服务体系。该体系在就业工作的实际运作过程发挥了积极作用,形成了科学的就业工作理念,取得了一些具有高职特色的就业工作成果。

一、高职特色的就业教育服务体系建设路径

（一）以就业为导向的高等职业教育办学使命

高等职业教育是高等教育大众化的重要载体,教育部明确提出高职教育改革的方向就是要以就业为导向,这是高等教育大众化后面对高职教育求学对象复杂、相对层次较低、毕业生就业困难等实情提出的正确且唯一的解决之道。浙江金融职业学院是由国家级重点中专升格起来的高职院校,坚持以教学改革为先导,以先进理念为指导,较快实现了办学升格管理升级、推进规范形成特色。办学近45年来,浙江金融职业学院累计为浙江省乃至全国的金融机构输送了近6万名优秀的经济金融人才,约占全省金融从业人员的1/4,前期毕业生大多已走上领导岗位或成为业务骨干,有近百名校友成为省级分行及以上领导,其中支行副行长以上干部5000余人,形成了良好的社会品牌,浙江金融职业学院因此被誉为浙江省金融界的"黄埔军校""行长摇篮"。对此,我们的体会是,坚持以就业为导向,以服务为宗旨,走产学研相结合的道路;认真贯彻《教育部关于以就业为导向深化高职教育教学改革的若干意见》,创造性地确立"就业立校、服务强校、合作兴校"的方针,并认真加以实践,是高等职业院校办出特色、办出水平、办成让人民满意的高职教育的基本途径。

（二）坚持"就业立校",办人民满意的高职教育

就业是民生之本,实现就业是人民群众最直接、最现实的利益所在。以培养生产、建设、管理、服务第一线的高素质技能型实用性人才为根本任务的高职院校,是我国高等教育体系中的一个类型。在过去近20年的职业教

育大繁荣大发展的主导力量推动过程中,各高职院校从人才立校、质量立校、科研立校等教育标志化成果的不同角度提出了办学的指导方针,也开展了较长时期的实践,并取得了不错的成效。我校在办学实践中充分认识到,高职院校的教学质量、师资力量、科研水平及社会服务能力等各类指标最终都转化为体现办学质量的直接指标,即毕业生能否顺利上岗,能否在岗位上快速适应和健康成长。而高职教育大众化后,就业成为高职学生的首选目标,继续深造已成为次要目标。因此,高职教育必须把就业工作放在重要位置。浙江金融职业学院将"就业立校"作为办学方针,明确党政一把手为就业工作第一责任人,倾全校之力,推动全员、全程就业工作深入开展,旨在努力实现毕业生顺利上岗就业,为办人民满意的教育提供基本前提和条件保障。

(三)"订单式"人才培养创新就业特色路径

为贯彻实施"就业立校"方针,近年来,高职院校都在创新人才培养模式、产学互动、工学交替等方面积累了许多经验。为了把毕业生就业工作落到实处,把"就业立校"方针落到实处,把"毕业与上岗零过渡"落到实处,更把办人民满意的高职教育落到实处,我校从2001年开始尝试订单式人才培养。2005年,对订单学生独立组班,个性化培养;2006年,专门组建应用型金融人才研究院,负责协调订单班教学管理等工作;2008年,为加大人才培养与改革的力度,发挥学校行业优势,成立独立设置的二级学院"银领学院"。十年来先后与60多家银行、证券期货公司等金融机构开展订单式人才培养合作,每年保持1000人左右的学生规模,实现校、企、生"三赢",成就了学生提前就业、顺利就业和优质就业。我校坚持并不断发展订单式培养模式,面向商业银行等金融机构和企业开展大规模、全程化的订单式人才培养,为商业银行及证券所、保险公司、期货公司等机构和企业培养业务一线、熟练银行柜面业务操作、岗位适应能力强的高素质技能型复合人才,已成为我校创新特色就业的重要路径,是我校提高竞争力和办学实力的重要成果。

二、高职特色的就业教育服务体系实施成效

(一) 促进就业服务由精细向精准对接

浙江金融职业学院在构建就业教育与服务体系的过程中,将精细化就业服务融入我校就业条件建设、就业模式优化、就业市场培育、就业资源整合等多方位、多层次的就业工作全领域,强调精细化就业服务是全方位提升就业服务工作水平的必要条件。伴随着就业新形势、新情况,我校进一步深化就业服务体系,多措并举、创新实践,以实施精细化就业服务为依托,实现就业服务由精细向精准对接。根据学生就业意愿和服务需求,建立学生就业动态档案,"量身定制"岗位推荐、能力提升、心理咨询、帮扶计划,重点推行"一对一"指导服务机制,指导困难毕业生积极就业,建立就业特殊群体信息库,实现"点对点"移动终端信息全覆盖,创设毕业生就业质量定期跟踪反馈机制,确保就业工作的教育到位、服务到位、指导到位、跟踪到位和保障到位。

(二) 助推高职学生由成长向成才迈进

浙江金融职业学院具有高职特色的就业教育与服务体系贯穿了学生从入学到毕业的全过程,围绕"以就业为导向、以能力为本位,全面培养学生职业能力"的人才培养目标,设计构建了包括课程知识学习、人文素质养成、职业能力塑造、顶岗实习实训等内容的全程式教育体系,促使学生在三年的高职教育过程中,完成由学生向职业人的成功转变。在立足学生就业需求同

时,关注学生未来发展,开展辅助辅导。学校坚持实施"13579计划",即"一年熟悉岗位、三年成为骨干、五年成为尖子、七年实现发展、九年初成事业、一生平安幸福",有效助推学生优质就业、赢在职场。

(三) 实现高职教育由品质向品牌跨越

基于"就业立校"办学方针构建的就业教育与服务体系,形成了浙江金融职业学院的就业工作特色,坚持探索就业教育与服务新模式,全力促进学生提前就业、顺利就业、优质就业,为办人民满意的教育找到了基本途径。通过订单式人才培养,实现校、企、生"三赢"的典型就业路径,更是将办人民满意的教育落到实处。浙江金融职业学院以"银领"为出路的毕业生就业率连年达97%以上,形成了良好的社会口碑。时任中共中央政治局委员、国务院副总理刘延东在考察我校时曾高度评价了以订单培养为载体,与金融行业紧密结合的特色就业模式。浙江金融职业学院也先后被教育部授予"全国职业教育先进单位""全国毕业生就业典型经验高校"荣誉称号。

浙江金融职业学院近10年就业工作特色成果

过去10年来,浙江金融职业学院坚持"就业立校"的方针,秉持先进的就业工作理念;创新人才培养体制、机制,采取校企合作、工学结合、产教融合发展的模式培养金融人才;以毕业生优质就业为目标,全校各部门齐心协力促毕业生高质量就业;就业主管部门发挥自身专职优势,积极创造条件为毕业生服务指导。10年来,浙江金融职业学院就业工作取得了令人骄傲的特色成果。

一、创新金融人才培养途径,订单式教育创新路

所谓订单式教育,是金融企业向学校提出人才的需求和要求,学校按金融企业的要求培养人才的培养模式。它以满足金融企业需求为目标,以学生就业为导向,以服务企业为宗旨,由学校和企业两个育人主体在校企两个育人环境中共同培育人才。

浙江金融职业学院大规模地实行订单式人才培养始于2004年。2004

年,浙江金融职业学院先后与建设银行浙江省分行、建设银行宁波市分行、工商银行浙江省分行、浙商银行股份有限公司、中国人民保险公司浙江省分公司签订了订单式人才培养协议。2005年,各家用人单位在分享到订单式人才培养所带来的各个方面益处之后,又纷纷和学院签订了下一批的订单式培养协议。同时在学生人数既定的情况下,还出现了竞相提前来校签订协议,争抢毕业生的局面。

浙江金融职业学院目前开展的订单式培养主要面向金融企业,"2+1"人才培养模式是现代银行新柜员订单培养的突出特点。

具体做法是,新生入学后的第一至第四学期,以学校专业教育为主,学习专业基本知识、培养基本职业能力和基本通用技能;在第四学期,学校邀请各家金融机构同时进入学校,召开订单式人才培养发布会,金融机构介绍自己的企业文化和人才需求标准,学生和用人单位进行双向选择,金融机构和学校、学生签订订单,学校对金融机构选出来的学生单独组班,根据行业的要求,共同制定人才培养方案。

第五学期,根据金融机构和学校共同制定的人才培养方案进行教学,师资力量以金融企业为主,金融机构选派业务能手和业务骨干负责专业课程的教学,学校教师负责学生学习组织和课后辅导等工作。学生根据不同金融机构的要求,在学校和银行进行交替学习,教、学、做合一,教学空间延伸到金融机构,形成一种"大课堂"教学模式,让学生零距离地学习和了解金融企业文化,掌握金融企业岗位业务技能,提高岗位工作操作能力。

第六学期,进行顶岗实习。各家商业银行根据自身系统、不同部门的人才需求情况,将自己培养出来的订单班学生送到各家分支机构,进行顶岗实习,从事具体的银行工作业务。学生实习所在的分支机构同时也是其毕业以后的工作单位,每一位订单班级的学生都有一位师傅对其进行业务指导。一般情况下,学生和师傅共用一个工号进行工作,在一些人员非常紧张的银行营业网点,也有一些学生在师傅指导一段时间以后,就有了独立的工号,实现了身份的转换,由一名学生转变成为一名银行行员。

浙江金融职业学院的办学实践证明了"订单式"人才培养可以实现学校、用人单位和学生之间的三赢。

从学校角度而言:第一,实现了学生优质就业。高职教育的根本特征决定了就业工作在整个学校教学中的重要地位和作用,在一定程度上可以认为就业为高职院校的立校之本。浙江金融职业学院正是在这种认识下提出了"就业立校、合作兴校、服务强校"这一富有时代特点、符合现代高职教育需求的办学理念。订单班级的学生在毕业以后都在商业银行业务一线工作,毕业生动手能力强、业务素质高,工作环境好、起薪高,实现了学生优质就业。第二,提高了教学效率,使学校教学更加具有针对性。订单式人才培养可以根据用人单位的特殊需求量体裁衣,有针对性地开展人才培养工作。第三,破解了财经类高职院校工学结合、顶岗实习的难题。订单班学生的准员工身份,使学生在商业银行顶岗实习的时候不涉及商业银行核心机密泄漏以及管理上的问题,银行将顶岗实习的学生作为准员工来对待,有效地破解了财经类高职院校工学结合、顶岗实习的难题。

从用人单位来看:首先,可以稳定、有计划地得到自身所需要的人才。我国目前的大学生就业市场已经过渡到买方市场,用人单位在人才市场上拥有着较多的选择机会。但是,在巨大的人才市场上,用人单位要找到适合自己单位需求的人才,需要很大的信息收集成本。通过订单式培养,用人单位可以提前让学校就自身的人才需求状况进行量身打造,稳定、有计划地得到自身所需要的人才。其次,省却了岗前培训所花费的时间及经济方面的投入。用人单位在人才市场上招聘来的大学生大多都是学校基于知识共性角度培养的,很难考虑到用人单位的具体情况,岗前培训是员工上岗的必备程序。订单式人才培养,可以根据用人单位的具体要求,将岗前培训工作放在学校进行,从而节约大量成本。再次,订单式人才培养通过协议的形式进行,用人单位的人才需求可以通过协议的形式得到根本性保证。

从学生的视角:可以使学生的学习方向更加明确,免去了寻找工作的艰辛,可以专心致志地进行学习。自高校学生就业实行学校推荐、自主择业、双向选择工作以来,大多数学生在校学习的最后一个学期、甚至是一个学年,都将主要的精力放在了找工作上面,忽视了学业。目前,这种情况在我国高校非常普遍。学校面临着在就业压力下不能反对,在强调良好教学秩序下也不好提倡的两难境地。实行订单式人才培养,就可以很好地解决这个问题。学生在解决了工作上的后顾之忧以后,可以全身心地投入到学习之中,避免和减少了一个学期甚至一个学年教学资源的损失和浪费。

二、特色化订单式人才培养,银领学院育金融"翘楚"

2008年,浙江金融职业学院发展史上迎来了一个重要的里程碑——以用订单形式打造最具活力的产教融合应用型金融人才培养平台为目标的银领学院应运而生。成立银领学院,必须有先进的理念做先导:①以订单培养为始点;②以开放办学为特征;③以校企合作为平台;④以工学结合为载体;⑤以双师团队为依托;⑥以优质银领为目标。

银领学院有着先进的订单人才培养特色。银领学院以"职业化教育,员工化管理"为理念,结合行业对人才培养的要求,构建"一个中心,两项抓手,八大载体,培养四大优势"的订单人才培养体系,全面实施职业化素质提升工程。一个中心即"以提升学生职业化素质为中心",银领学院与订单单位通过举办开班仪式、设置企业文化讲座、与在职员工进行交流、开展职业生涯规划设计、举办文艺会演等形式共同开展职业化素质教育,有效提升学生职业素养,并以学生职业化素质量化考核和班级测评工作为抓手,开展征文活动、演讲比赛、文艺比赛、职业礼仪大赛、职业技能比赛、经济形势分析大赛、行业座谈会、银领学子成长感悟交流会等八大类活动,重点培养学生职业技能、职业形象、职业能力和职业素质四大职业竞争优势。

银领学院是校企深度合作的产物,校企深度合作产生的切实成效有以下四点。

(一) 提高了高素质、高技能应用型金融人才培养的适用性和有效性

通过校企深度融合,学院能够切实感受到企业对人才知识、素质、技术、能力的需求,并以此为基础进行有针对性的专业配套设置和课程、教材调整,建立以职业能力为中心的教学体系,从而大大增强了人才培养的适用性,提高了应用型人才的培养质量;借助校企合作平台,学生可以在学校接受基本的职业知识和技能,在企业接受职业教育与培训,参与企业的业务实践,熟悉金融企业业务的处理流程,积累了经验,业务上手快,动手能力强,提高了就业竞争力;学院通过引入优秀的金融文化,实现校园文化与金融文化的融合,可以使学生亲身体验企业与企业、人才与人才之间激烈竞争的现实,切身感受到专业知识、专业技能在企业生产经营中发挥的重要作用,树立危机意识和时不待我的紧迫感,激发其学习专业知识的内在动力。

(二) 实现了校企资源的互补和共享

学校拥有雄厚的教学资源、专业的教师队伍与丰富的教学经验,企业具有对人才的渴求、培养人才的热情与良好的实习基地。通过校企深度融合,学校可以利用企业的硬件设备资源为学生提供实习、培训的基地,将实践性教学课程放在企业业务处理现场,节省了大量的实训、实习设备与资金。与职业院校实训基地相比,在企业工作场所实训,学生更能够感受到企业工作的职业氛围,有利于培养受训者的工作态度、职业道德、企业文化、企业精神

等,这些非物化的制度知识在现代企业和人力资本开发中占有越来越重要的地位。

(三) 形成了具有"赶集"效应的校企合作长效机制

银领学院通过和金融企业的密切合作,积极吸引企业参与到学校教学中来,与学校共同进行金融人才培养。银领学院在4月上旬召开金融人才培养信息发布会,在5月上旬选择一个统一的时间点邀请金融企业进入学校和学生共同进行双向选择,在5月下旬安排用人单位和学生签订订单培养协议。在整个制度设计过程中,及早提出人才需求订单的金融企业,可优先选拔潜在的优秀员工,按照本系统岗位标准和能力要求,通过定向培训与有效的顶岗实习,培养出称心满意的学生,把岗位要求和教学标准的距离缩到最短。在这个机制框架下,银领学院将企业的用人竞争前移,形成订单培养系统,越来越多的银行系统进入这个订单培养系统,在校企合作方面形成"赶集"效应,使校企合作机制长效化。

(四) 实现了学校、用人单位和学生三方共赢

2009年,浙江金融职业学院以就业为导向、以订单为载体的金融"银领"人才培养机制建设获得第六届浙江省高等教育教学成果一等奖、第六届高等教育国家级教学成果二等奖;2014年5月,浙江金融职业学院银领学院被教育部、国家发改委等六部门授予"全国职业教育先进单位"称号;2013年、2014年、2015年、2016年,浙江金融职业学院银领学院学生连续四年在全国金融行指委组织的大学生银行综合业务技能大赛上以总分第一名的成绩获得一等奖;2017年、2018年,浙江金融职业学院银领学院学生连续两年荣获教育部全国职业技能大赛高职组"银行业务综合技能赛项"团体一等奖。

自2008年成立银领学院以来的十年时间里,每年保持近1000人的学生

订单人才培养规模,近十年来共培养了近万名银领订单人才,占到学院毕业生总人数的1/3以上,详见表1。知名职业教育专家马树超认为,银领学院订单人才培养"实现了教学与培训紧密结合,缩短了教学和就业岗位的距离;银领学院的价值在于能够将企业的用人竞争前移,形成订单培养系统,在校企合作上形成'赶集'效应,具有制度化意义,具有广泛推广价值"。

表1　浙江金融职业学院2010—2019届订单人才培养规模统计

	2010届	2011届	2012届	2013届	2014届	2015届	2016届	2017届	2018届	2019届
订单合作单位数(个)	26	25	33	30	38	55	57	48	42	46
订单培养学生数(人)	869	1150	1125	1007	947	927	905	973	976	952
毕业生总人数(人)	2184	2409	2247	2310	2785	3016	2836	3070	3202	3372
订单学生占比(%)	39.79	47.74	50.07	43.59	34.00	30.74	31.91	31.69	30.48	28.23

三、精心打造就业示范品牌,屡获全国先进荣誉

(一) 荣获"全国毕业生就业典型经验高校"称号,跻身全国高校就业50强

2014年教育部办公厅印发了《关于公布2014年度全国毕业生就业典型经验高校名单的通知》(教学厅函〔2014〕20号),浙江金融职业学院与东南大学、厦门大学、重庆大学、兰州大学等高校同时荣获"2014年度全国毕业生就业典型经验高校"称号,成为全国50所获此殊荣的高校之一,跻身全国高校就业50强。浙江有四所高校获"全国毕业生就业典型经验高校"荣誉称号,浙江金融职业学院是全省唯一一所上榜的高职院校。

此次评选活动是按照《教育部办公厅关于开展第二轮高校毕业生就业总结宣传工作的通知》和《关于开展2014年度高校毕业生就业总结宣传工作的通知》要求,于2014年3月启动,经申报推荐、专家初选、社会调查与实地调研等环节工作,共有4所部直属院校、29所省属本科院校和17所高职高专院校获"2014年度全国毕业生就业典型经验高校"殊荣。在参选过程中,浙江金融职业学院师生、毕业生和用人单位协同努力、精心准备、凝练特色,凭借着扎实过硬的就业工作成效,最终从全国122所候选高校中脱颖而出。

获选就业50强高校,是对浙江金融职业学院人才培养质量、教育教学特色和毕业生就业工作的充分认可和肯定。浙江金融职业学院将以此为契机,完善机制、加强研究、创新思路,切实提高毕业生就业指导的针对性和实效性,继续加强就业市场的建设和开拓,进一步提高毕业生整体就业质量和水平,努力使浙江金融职业学院毕业生就业工作再上新台阶。

(二) 服务区域经济发展,连续两次入选全国高职院校服务贡献50强

2018年7月15日,《2018中国高等职业教育质量年度报告》在北京发布。此份报告由全国高职高专校长联席会议委托上海市教育科学研究院和麦可思研究院共同编制,已经连续发布七年,成为社会公众了解高职教育的一个重要窗口。浙江金融职业学院继2016入选年度高职院校服务贡献50强后,2017年再次获此殊荣。

"服务贡献50强"榜单是按照"服务发展、促进就业"的办学导向,根据各高职院校毕业生人数和就业去向、横向技术服务到款额、纵向科研经费到款额、技术交易到款额、非学历培训到款额和公益性培训等七项指标排出,展示了高职院校服务区域经济发展的贡献能力。

四、服务区域重点战略,提升金融人才支撑能力

关心地方经济发展,助力地方金融壮大,这是浙江金融职业学院从成立开始就一直遵循的传统。无论是订单班的人才培养模式,还是"行业、校友、集团"的共生态办学模式,以及之后的种种措施,无不有力地证明了这一点。如今,浙江金融职业学院已经把提升学校服务区域、行业、企业的附加值,持续提升满足行业和区域经济社会发展所需的能力和水平,共建协同创新中心,支撑现代产业体系发展壮大作为今后的重要任务。

浙江金融职业学院党委书记周建松曾指出,时值《国家职业教育改革实施方案》《高职扩招专项工作实施方案》等政策发布,职业教育进入发展黄金期,高职院校理应抓住时机,深化办学体制机制改革和育人机制改革,办好产教深度融合的类型教育。

学校以此为契机,全力做优、做强金融管理、投资与理财、保险等7个省优势专业,做特、做亮国际金融、农村金融等6个省特色专业,做好互联网金融品牌专业,构建"7+6+1"的"优势+特色+品牌"专业建设格局,为经济金融行业培养数以万计的高素质专门人才。以此对接产业发展需求,夯实以金融为龙头的专业群建设。

针对人工智能、云计算等新技术的涌现,学校新设大数据专业,建立"AI金融实验室""互联网金融指数综合实验室""智能投顾中心暨投资者教育基地""云会计财务共享中心"等基地,以此对接产业技术升级,优化专业结构,加快实训基地建设。

学校金融管理等5个专业还牵头制定了全国高职专业教学标准,并注重引入融合生产标准和国际标准,做好人才需求预测,着眼终身学习,强化"双创"教育,优化人才培养体系。以"互联网+教学"改革为切入点,以"金院好

课堂"为抓手,推进线上线下混合、实境虚拟结合的教学模式,提升人才培养的针对性和有效性。金融专业群育人成果先后获得2014、2018年国家职业教育教学成果二等奖。

浙江金融职业学院校长郑亚莉介绍,中东欧16国是"一带一路"建设的重要伙伴,捷克是浙江点对点合作伙伴,为更好地服务我省对外交往,以及满足对中东欧经贸发展的现实需要,学校自2016年起便积极谋划,并于2017年成立了捷克研究中心,开展国别研究,打造新型智库,服务政府决策。该中心目前也是长三角高职院校唯一在教育部备案的国别和区域研究中心。

如今,《"一带一路"框架下浙捷合作战略定位、合作架构与重点领域的思路建议》等系列成果分别获得省委省政府主要领导的批示,并连续出版《浙捷年度经贸发展报告》,建成捷克馆,承办智库建设与国别研究研讨会,参加中捷推动"一带一路"合作规划工作,为浙江企业"走出去"提供智力支持。

在培育专业新优势方面,学校还积极服务中国(杭州)跨境电子商务综合试验区建设,以国际贸易实务省级优势专业、国际商务省级特色专业为基础,建有省级、国家级跨境电商综合服务应用技术协同创新中心,融合"校政行区企"多方资源,推动技术创新、人才培养和社会服务,实现外贸人才培养供给侧与企业对外合作需求侧的有机衔接。育人成果先后获得2014、2018年国家职业教育教学成果二等奖,培养国家"万人计划"教学名师1名,以国际贸易实务为龙头的新专业群培育成效显著。

浙江金融职业学院校长郑亚莉作为全国人大代表在参加第十三届全国人民代表大会二次会议时提交了关于加强培养区域经济发展所需的相关专业人才的提案。浙江金融职业学院在对标社会需求、优化复合型人才培养的课程设置、深度校企融合、提升师资队伍等方面着力实施和加强跨境电商人才培养。围绕产业转型升级和区域经济社会发展需要,学校与有关金融部门,成立浙江金融职业学院服务万亿金融产业协同创新中心和省级跨境电商综合服务应用技术协同创新中心,发布《全面服务浙江万亿金融产业和杭州金融创新发展行动计划》。这与汇聚政校行企力量,参与钱塘江金融港湾建设和"一带一路"建设,深化"7+6+1"的省优势特色与品牌专业内涵建设,促进教育链、人才链与产业链、创新链有机衔接的战略较好地融合。嘉兴市成为我校区域金融改革互动联系城市。学校入选浙江省绿色金融专业委员会副主任委员单位,为"衢州市绿色金融改革创新2017年实践项目"提供一揽子服务。

浙江金融职业学院对浙江省经济发展贡献度持续较高,就业倾向从大型国企转向小型民企。浙江金融职业学院2009—2018届毕业生在省内就业的比例持续较高,均高于85%,近三届(2016—2018届)有所提升,均提升至90%以上(2016—2018届分别为91.9%、93.5%、92.4%)。其中吸引外省生源留省内就业的比例有所增加,2016—2018届外省生源留在本省就业的比例从2015届的53.1%,提升到70%左右(2016—2018届分别为68.3%、70.8%、68.8%)。此外,毕业生就业倾向正在从大型国企转向小型民企。本校2009届毕业生在国有企业就业的比例在四成以上(45.8%),到了2018届跌至一成多(11.8%),同时在民营企业就业的比例从2009届的不足四成(37.3%)不断增长,到2018届达到76.0%。

五、致力就业信息化生态建设,提升服务满意度

毕业生就业信息化建设能在毕业生和招聘单位之间架起一座桥梁,能使双方各取所需,实现资源的优化配置。招聘单位可以及时发布招聘信息,毕业生能在第一时间看到所需信息,信息能及时地进行沟通,确保择业就业的高效性。另外,毕业生毕业之后,也可以通过信息化平台记录学生就业的

后续工作动态,为出现问题的毕业生提供有效的信息支持及建议,并及时完善校友状态,对毕业生本人以及后续毕业生择业就业都能起到很好的促进作用。

浙江金融职业学院招生就业处一直致力于就业信息化项目的推进,自2016年起,历时3年打造了基于"互联网＋"服务学生就业的智慧化平台,包含"就业信息系统"(scc.zfc.edu.cn)、"金小融"就业App、"就业信息港"微信公众号(zjyjyxxg)等应用软件和使用平台,受到了学生和用人单位的普遍欢迎。用人单位和毕业生只需在电脑或手机上动动指尖,就能轻松招聘或求职,这标志着学校就业服务智慧化水平再上一个新台阶。

"就业信息系统"、"金小融"就业App和"就业信息港"微信公众号通过构建用人单位、毕业生、学校三方直接互动的新形态招聘体系,为企业提供一站式免费招聘服务,包括职位发布,预约校内外专场招聘会、校园大型招聘会、宣讲会,简历筛选,面试邀请及搜索毕业生信息资源库等服务;为毕业生提供求职推荐、面试申请、就业消息订阅、就业指导咨询预约等服务;为学校就业管理部门提供后台信息实时抓取、定制导入与导出数据分析等服务。

目前,学校已建成较为完善的就业信息体系,为用人单位和毕业生搭建了高效便捷的智慧化就业平台。校企交互平台模块微信端、毕业生网上招聘互联系统服务平台、学生职业发展教育服务平台、毕业生就业推荐表打印一体机系统、就业实时动态数据与学生就业状态管理查询统计系统均已全方位投入使用,为毕业生提供优质、高效、便捷的人性化服务同时,也为学校开展大数据背景下就业工作研究提供了平台。

六、充分发掘各方资源,拓展拓宽就业市场渠道

就业市场是学生就业的重要平台和媒介,浙江金融职业学院高度重视

就业市场建设,积极主动联系用人单位,用心接待用人单位,做好服务工作。学校每年都举行大型专场校园招聘会,邀请的用人单位逐年增加,提供的岗位逐年增加,岗位质量逐年提高。目前,学校年度秋冬季大型招聘会已经达到对接600家用人单位,提供就业岗位14000个以上的规模。学校招聘会成为除学校订单班招聘外,学校人才求职服务的一个重要平台。

浙江金融职业学院已经全面形成全员参与大学生就业服务的机制,在全体教职工中树立了服务大学生就业的意识。学校与用人单位建立深层次的友好联系,热情地接待来学校招聘的用人单位,尽力为他们提供便利的服务,落实每一个单位的招聘岗位,切实解决就业问题。多年来,学校招生就业处携各二级学院组织各类招聘专场,举办理财、保险、贸易、财务等各类专场小型招聘会以及各类实习生招聘会和储备人才供需见面会。同时,浙江金融职业学院200余个校外实习基地中有100多家是通过校友力量完成建设的,完善的校外实习基地网络,使现有学生的毕业实习都能在对口的单位进行。校友们不仅在学校双师结构教师队伍建设中发挥了重要作用,而且也是推荐学生就业的重要资源,浙江金融职业学院60%—70%的毕业生就业是通过校友网络安排就业的。浙江金融职业学院加强校友在学校建设和发展中的重要作用,以校友为纽带,积聚资源、汇聚力量、凝聚人心。

七、塑造就业宣传品牌,巩固凸显学校社会效应

根据《教育部办公厅关于开展第二轮高校毕业生就业总结宣传工作的通知》以及全国高等学校学生信息咨询与就业指导中心《第二轮高校毕业生就业总结宣传工作实施方案》等相关文件精神,2014年3月14日,浙江金融职业学院以《与时俱进开拓创新全面构建就业服务新模式 全力促进毕业生顺利就业充分就业优质就业》为主申报材料,以《订单式人才培养实现学

生提前就业顺利就业优质就业》为特色材料,申报2014年度高校毕业生就业总结宣传工作典型单位,角逐全国就业工作50强。在近3个月的时间里,从申报材料的撰写、就业工作台账的梳理、就业场地的修葺,到按照教育部"四到位"要求对照体制、机制、内容、方法等方面工作的强化提升,以及最后迎接专家实地调研,在学院领导的带领下,一路勇往直前,怀揣志在必得、不达目的不收兵的信念,在精神层面和行动方面都付诸了勇敢而有力的实践,最终成功跻身全国就业五十强,把浙江金融职业学院"金融黄埔"的就业工作品牌推广到全国,受到社会各界强烈关注。

2018年,拍摄浙江金融职业学院就业宣传片《金融黄埔,行长摇篮》。宣传片从以下五个方面展现浙江金融职业学院近年来不断创新,开拓就业工作新局面的全景:①求本溯源提高就业质量释初心,潜心办学承载社会责任大担当;②忠诚使命全员共建就业新局面,点线面布局全方位育人新体系;③工欲善其事必先利其器,线上线下人机合力打造就业新平台;④用心打造校企合作典范,订单培养共育金融英才;⑤百花齐放成绩创辉煌,扎实工作方能显真章。宣传片展现了浙江金融职业学院就业工作理念、工作努力和辉煌成效,在社会上引起了较大反响,塑造了浙江金融职业学院就业工作的宣传品牌。

八、构建就业援助体系,全力保障特殊群体就业

浙江金融职业学院为家庭经济困难、就业困难的毕业生,提供就业帮扶个性化服务,加强就业工作的有效性和针对性。就业工作坚持以"关注每一个学生的健康成长"为主线,深入了解,准确把握每一位毕业生的就业动态、意向和需求,建立起毕业生动态就业信息库,努力在丰富就业服务内容、提升就业附加值上下工夫。指导课程的专业老师根据学生的不同特点,在专

业方向、课程选择、学习方法以及职业生涯设计等方面提供指导;招生就业处、大学生就业指导与服务中心以及大学生就业与职业发展协会携手共建"就业加油站、就业职通车、就业信息港"的就业服务体系,为毕业生提供系统化、精细化的就业指导服务。针对就业困难毕业生,推出"就业个别辅导"帮扶服务,采取与毕业生面对面地沟通和交流,开展教师与学生"一对一""多对一"的结对帮扶工作。学院在学生发展中心专门设立面积达200平方米的学生事务咨询与就业服务中心,并针对学生个体差别、促进学生多元发展需要,在该中心开设"大学生职业咨询室",每周三下午安排全就业指导老师面向全校学生开展就业指导和职业发展咨询,深受学生欢迎。

在工作中重点关注四类学生的就业指导和推荐工作:一是学生党员干部,二是家庭经济困难的学生,三是身体有残缺的学生,四是外省学生。帮助他们确立既切合实际又适合自己的就业定位。对特殊群体学生优先推荐就业岗位;建立特殊群体学生档案,实行一对一帮扶,通过个性化的服务和指导,关心就业困难群体的心理状态,最大限度地帮助他们实现自己的就业愿望。外省学生也是学校的就业困难群体,对于外省学生,要求他们及时关注生源地人才招聘网,鼓励外省学生回生源地就业。同时,对外省学生在就业过程中出现的心理问题,及时给予疏导,并加大对贫困外省学生就业的经济援助。

九、完善评估考评机制,促进就业工作顺利开展

浙江金融职业学院十分重视就业工作评估考评机制的构建。从2009年以来,学校委托第三方——北京麦可思数据有限公司对学校就业工作进行了近十年的跟踪和调研,麦可思报告对学校就业质量进行了全方位评估;另外,学校建立从上到下的就业工作考评机制,建立实习、就业率通报制度,毕

业生回访制度、毕业生跟踪调查制度、就业跟踪考评制度等,从学校一把手到辅导员都接受就业工作考评,形成了就业工作人人有责、人人负责的局面。

浙江金融职业学院高度重视就业市场调研和毕业生就业跟踪调查工作,加强对用人单位需求的调研和毕业生就业后的调研,及时获得有效反馈信息,挖掘毕业生在实际工作中的不足和缺陷,构建了全面反映毕业生就业质量的指标体系。委托第三方——北京麦可思数据有限公司对毕业生做了全面调研的同时,从2014年9月份开始还开展了包括就业环境、就业市场、就业能力、就业状况、劳动薪酬、就业满意度、就业服务等7个就业质量评估维度的调查,并详细分析数据形成就业质量报告,为学校提升办学水平和教育质量提供重要参考依据,真正做到以市场为导向和衡量标准,培养出符合社会要求的高技能、高水平、高素质的综合人才。

学校注重落实好就业考评制度,实行定期通报制度。毕业生就业率实行动态管理,并定期以适当的方式公布,根据不同阶段的要求实行"月度通报"和"十天一报"制度。坚持毕业生回访制度。各系要采取走访、电话、网络等多种手段,加强与毕业生在实习期间的跟踪管理和指导,及时了解学生的思想动态,帮助毕业生解决就业过程中遇到的各种困难,建立毕业生就业状况监测系统。认真做好毕业生的跟踪调查,要求点面结合,每个专业的典型调查要求不低于毕业生人数的30%。要做好跟踪结果的统计分析,撰写完整的跟踪调查报告。

学校还建立健全院系两级就业工作考核机制。高职院校普遍实行两级管理,在两级管理中,职权的划分、财力的保证、责任的健全和绩效的考核是其重要内容。把就业工作作为一项硬指标与就业职能部门主要职责挂钩,与系部评先创优挂钩,与系部经费核算挂钩,与系部领导人、班主任奖金和业绩考核挂钩,也要与院党政主要领导和分管领导的利益挂钩,构建一个全方位的责任分解和考核体系,就业工作不达标,评选一票否决。实施目标责任考核制,将就业工作作为重要指标纳入学院工作年度考核,考核结果与学院经费划拨、招生规模、专业设置、科研立项等挂钩。

十、创新就业指导课程体系,全程护航学生就业

教育部《关于做好2015年全国普通高等学校毕业生就业创业工作的通知》(教学〔2014〕15号)明确指出:"各地各高校要建立健全职业发展和就业指导服务体系。加强就业指导课程和学科建设,要结合当前经济发展新业态和新常态,及时将学科专业动态和行业发展成果融入课堂教学,提高课堂教学的参与度和吸引力。深入开展个性化辅导与咨询,帮助毕业生合理确立职业目标,及时疏导毕业生求职过程中的焦虑、依赖等心理问题,增强其应对竞争及挫折的抗压能力。积极组织职业规划大赛、职业体验项目等课外活动,充分发挥就业实践活动的带动作用,进一步提高就业指导的覆盖面和实效性。"如何实现高质量的就业和切实有效的职业指导,是高等职业院校培养高技能人才需要迫切考虑和解决的问题。

针对高职院校就业指导教育体系尚不完备,相关教学资源匮乏,实习实训基地短缺等问题,浙江金融职业学院招生就业处完成了"融入递进式"全过程就业指导体系的构建,解决了高职院校在大学生职业生涯规划和职业教育中教材、师资、项目、培训、实训、学习兴趣等方面的瓶颈问题,并通过近4年的时间在各学院各专业进行实践、推广,效果显著。

招生就业处整合多方资源优势,下设就业指导研究中心,搭建了"一基地、两中心、三社团、四课程"职业指导支撑平台,成果基于这一平台,以提升学生的综合素质及就业竞争力为目标,构建了第一、二课堂相互融合,"教、学、做、赛、社团系列活动"为一体的"融入递进式"全过程就业指导体系。"一

基地、两中心、三社团、四课程"即大学生就业创业见习基地,大学就业指导服务中心、心理健康指导中心,大学生就业协会、心理健康协会、创业协会等多个学生社团,职业生涯规划、大学生就业指导、大学生创业基础、大学生心理健康教育四门课程。将就业指导课程纳入所有专业学生人才培养方案,为必修学分。针对高职学生特点,面向全校学生举办多种形式的职业生涯规划大赛、创新创业大赛。将第一课堂与第二课堂相融通,在公共课程中融入就业指导及创新创业的基础理论知识,将就业指导课程专业知识融入社团活动中去,开设各类有关就业指导、就业政策分析、心理健康教育、职场礼仪等专题讲座,重在全方位提升高职学生职业素养和求职竞争力;在专业教育中融入创新创业及实训实战体验,重在通过具体的实践激发和提升高职学生的职业技能和求职技巧。通过就业指导知识的普及,实训实习实践、社团活动、大赛历练及最终顺利求职的层层递进,融入递进式地帮助学生培养职业规划意识,树立正确的职业观,提升求职能力,将就业指导贯穿高职教育人才培养的全过程。成果的实施,对满足高职学生提升求职技能和社会对全方位发展的技能型人才的需要,起到了积极的推动作用。

05

麦可思10年数据报告的再审视

第一节

麦可思10年数据报告研究概述

一、麦可思简介

麦可思(MyCOS)是专业的、具有公信力的第三方教育数据咨询公司,为中国高校、各级政府教育和人力资源主管部门、企业、学术研究机构、大学毕业生和高考生等提供基于数据库的教育咨询服务。

目前,中国社会科学院社会学研究所、北京大学中国职业研究所、北京大学教育经济研究所、北京大学中国教育财政科学研究所、北京教育科学研究院高等教育研究所、教育部职业技术教育中心研究所和高职专业教指委均为麦可思公司的合作伙伴。

二、麦可思报告研究概况

高校培养的毕业生是否符合社会需要、是否能够实现就业、是否能够找到适合其专业及特长的工作、是否拥有综合素质及工作能力以尽快适应工作岗位的需要,是中国高校普遍面临的一个重要课题。《教育部关于进一步深化本科教学改革全面提高教学质量的若干意见》(教高〔2007〕)2号)中指出:"研究建立人才需求的监测预报制度,定期发布高等教育人才培养与经济社会需求状况,引导高等学校及时设置、调整专业和专业方向⋯⋯深化人才培养模式、课程体系、教学内容和教学方法等方面的改革,实现从注重知识传授向更加重视能力和素质培养的转变。"

中国经济的发展必然产生新的职业,这对员工从业所需的能力结构必将提出新的要求。因此要尽可能及时和准确地反映这一变化,为高等教育的人才培养跟上经济对职业和能力结构的新要求服务,避免大学本、专科毕业生出现大量的结构性失业(即一方面毕业生找不到工作,另一方面企业找不到合适雇员),以求最大限度地利用国家教育资源,使大学本、专科人才人尽其用。

中国高等教育供需追踪评估课题组(CHEFS)对毕业后半年应届大学毕业生的就业状态、职业所需的基本能力和专业能力以问卷的方式进行调查评价,这个反映企业人才需求的信息将为中国高校管理者制定高等教育的本、专人才培养方向,各高校深化其教育改革的决策提供数据支撑。

大学生能力结构分为三个层次,各自对应着麦可思的测量指标,如图1所示。

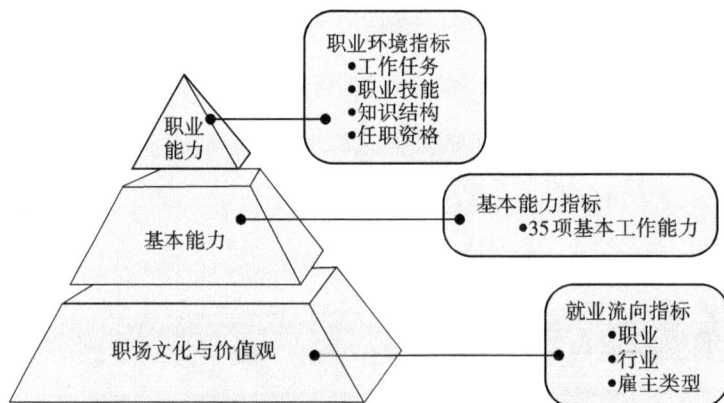

图1 大学生能力结构及对应的麦可思测量指标

为帮助高校通过就业评价来提高毕业生的就业能力,麦可思建立了以下CHEFS系统,如图2所示。

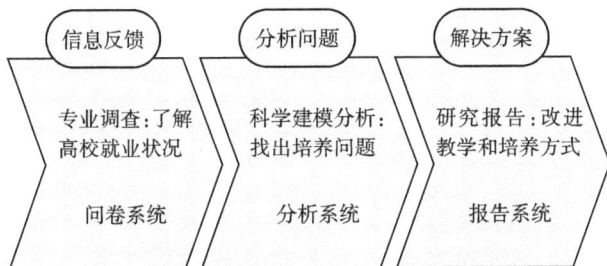

图2　麦可思CHEFS系统

三、麦可思报告的研究目的

麦可思报告的研究目的,主要包含以下7个方面:

①测量毕业生基本就业能力和就业质量;

②测量课程设置有效性及教学改进;

③测量基本能力和核心知识对工作的重要度和满足度;

④测量学校就业指导与求职服务的有效性;

⑤测量毕业生对本校推荐度和满意度;

⑥招生分析,报告本校有效的招生宣传渠道;

⑦毕业生的背景分析。

四、麦可思报告研究的基本框架

麦可思报告研究的基本框架如图3所示。

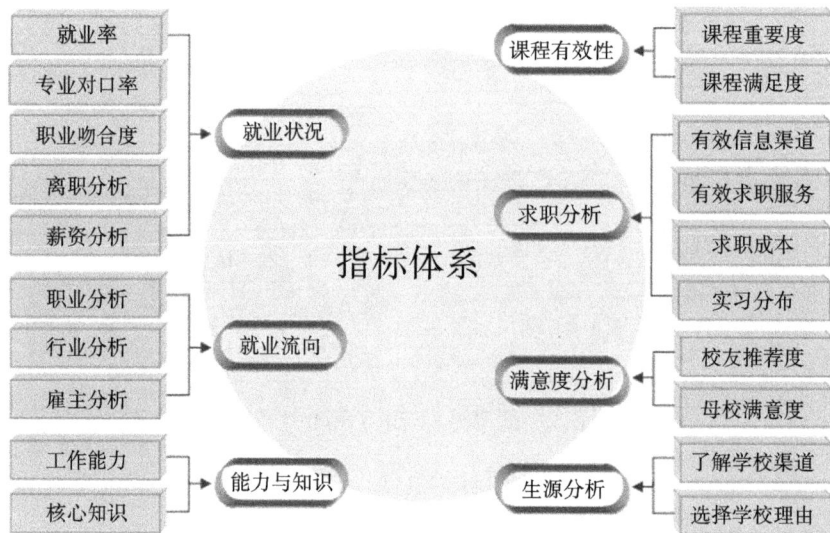

图3　麦可思指标体系

五、麦可思报告研究的科学依据

　　高等教育领域中现行的就业能力标准较多,如近年来在中国工程类院校中普遍应用的CDIO教育模式中,对能力有体系化的规定。为工程教育的三个国际标准——华盛顿协议、都柏林协议、悉尼协议中,对毕业生的工作能力也有明确定义。在国内的毕业生就业辅导及企业招聘中,"岗位胜任能力模型"也被广泛采用,但它是对具体雇主、具体岗位的能力进行定义,不是一个普适性的能力体系。

　　不同的行业和职业对大学生就业能力的要求有什么差异性、如何保证就业能力可以被连续跟踪及持续改善,都不是当前我国高等教育中通行的就业能力培养模式所能解决的。

美国于2006年最终建成的O*NET系统①中,对所有的职业环境都给予了科学的定义,其核心是职业所要求的能力结构(35项基本工作能力和16806条职业能力)和知识结构。更重要的是,O*NET系统通过调查劳动者,获得工作要求的这些能力和知识所达到的具体指标。这就是对"就业能力"最新解释的实际应用,即通过劳动者和劳动力市场之间的互动关系,来对劳动者的工作能力及知识结构与工作要求达到的水平之间进行匹配,以便更细致、更全面、更科学地评价就业能力,并且还能基于年度跟踪调查,修正这些指标,以达到对劳动者和劳动力市场之间互动关系的持续更新。这是当前世界上最前沿的"就业能力"评估和评价体系,目前已成为国际通用标准。

麦可思从2007年起,引进美国的O*NET系统,以其职业分类和能力模型为基础进行调研,已经连续多年对应届大学毕业生毕业半年后的就业能力进行跟踪调查,完成了对中国大学毕业生职业与能力信息系统的本地化。依托于此数据库建设成功实施的技术开发和经验积累,麦可思目前已经帮助国内本科和高职高专院校建立起各校的"应届毕业生就业能力年度数据库"。麦可思公司对于大学生"就业能力"的调查和研究,无论是从理论上、工具上、指标体系上还是操作实践上,都居于世界前沿水平。

浙江金融职业学院已经委托麦可思进行了近10年的毕业生就业质量跟踪调查。通过近10年的合作,学校对麦可思10年来的跟踪调研是满意的。10年调研,麦可思体现了专业性、科学性以及前瞻性;10年的就业数据为学校研判毕业生就业质量提供了数据支持,学校就业质量不断提高有着科学

---

① O*NET系统是由美国劳动部就业和培训管理局(USDOL/ETA)主导开发的一个官方网站,网站上涵盖了总计974个职业的工作分析,于1998年上线,目前已取代职业名称词典(DOT),成为被广泛应用的职位分析工具。O*NET对于职业的工作任务、工作活动、工作环境、相关职业、薪酬福利、就业趋势等信息进行了详细的介绍与分析,是人力资源管理工作者的信息宝库。

的数据支撑;通过分析麦可思提供的数据,学校发扬优势,克服不足,就业质量连年上台阶。学校对麦可思对学校就业质量的跟踪调研的科学性是深信不疑的。

· 第二节 ·

麦可思10年数据报告提示我们
关注的问题与思考

一、校友推荐度下降需关注

　　校友推荐度是指学生是否愿意推荐母校给亲朋好友就读,这一数据更加直观地反映出学生对学校的认可程度。据图4所示,学校毕业生对母校的推荐度评价仍有提升空间。学校2009—2018届毕业生对母校的推荐度呈下降趋势,从2009届的88%下降至2018届的78%;同期全国示范性高职院校平均水平呈上升趋势,从2009届53%上升到2018届的72%,学校的这一数据与全国示范性高职院校趋势相反,需引起关注。推荐度的下降说明毕业生对母校的认可程度在降低,不利于学校社会声誉的提升以及未来招生工作的开展。因此,学校要高度关注这一问题,做好以下工作。

　　一要委托就业单位专门就这一问题进行专题调研。可以通过电话、邮件、座谈会等方式了解毕业生不愿意推荐母校的原因,然后进行梳理,以调研报告的形式上报给学校有关领导。

二要对梳理出来的原因逐项整改。结合学校中心工作,在学校教学部门、学生工作部门、后勤服务部门开展主题讨论活动,要使学校各部门认识到这一问题对学校可持续发展带来的不利影响。学校教学部门要检视教学质量、教师职业道德和责任心等方面是否存在让学生诟病的地方;学生工作部门要检视为学生的各项服务是否尽心、尽力、尽责,特别是辅导员或班主任一定要肩负起为学生服务、为学校增光的职责;后勤服务部门要检视学校生活服务,诸如食堂、浴池、宿舍管理等是否体现全心全意为学生服务的宗旨。

三要完善学校社会声誉建设机制,不断提高学校的社会声誉。一所学校的社会声誉是经过多年的日积月累才建立起来的,它是对学校办学宗旨、教学质量、学生工作、社会服务、就业招生等工作的综合检验,任何一个方面出现瑕疵都可能影响学校的声誉。学校要建立一套机制,多方面努力,争取经过1—2年的努力,使校友对学校认可度有较大提升。

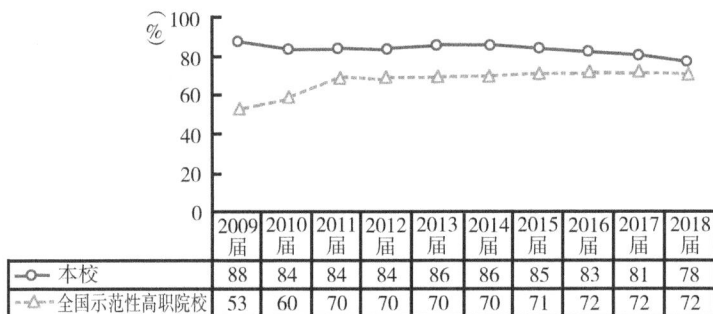

	2009届	2010届	2011届	2012届	2013届	2014届	2015届	2016届	2017届	2018届
本校	88	84	84	84	86	86	85	83	81	78
全国示范性高职院校	53	60	70	70	70	70	71	72	72	72

图4　本校毕业生对母校推荐度变化趋势

二、个别求职服务的有效性较低需加强

从表4可以发现,学校职业发展规划服务的有效性相对较低,可以着重该项服务进行加强。毕业生职业发展规划非常重要,没有好的职业发展规划,不

但会影响毕业生的求职,包括求职积极性、主动性、求职心态等,还会影响到求职后的职业发展,会导致毕业生工作无目的、频繁跳槽、职业倦怠等问题的发生。所以,指导毕业生做好职业规划对毕业生顺利就业、稳定从业有重要意义。

表4 2010—2018届毕业生对母校求职服务的有效性评价

单位:%

毕业生生届别\求职服务名称	2010届	2011届	2012届	2013届	2014届	2015届	2016届	2017届	2018届
辅导面试技巧服务	90	93	89	88	89	90	89	92	93
辅导求职策略服务	85	92	88	88	86	93	86	91	91
辅导简历写作服务	90	91	91	89	92	90	89	91	90
直接介绍工作服务	83	93	90	89	87	92	89	93	89
发布招聘需求与薪资信息服务	92	83	82	86	87	86	87	85	86
大学组织的招聘会服务	77	84	80	79	80	85	79	80	84
职业发展规划服务	74	72	67	75	71	79	72	80	77

注:表格按2018届数值降序展示。

多年来,学校坚持"以生为本"理念,突破以毕业生就业指导工作为主要内容的工作模式,将就业指导工作重心转向对学生未来职业生涯的准备和规划上;架构就业指导体系,从学生入学开始就抓就业指导,加强对学生就业指导的针对性、系统性和深入性;但是职业规划的有效性还有待提高。

今后,在坚持学校好的做法的基础上,一要发挥职业生涯规划课的主渠道作用,鼓励教师把这门课上好、上精,上得有吸引力。二要从校外邀请职业规划专家、学者以及职业发展成功人士来学校上课、开讲座,让学生在职业发展方面站得更高、看得更远、走得更稳。三要注重有效性。职业发展规划不但要学习理论、听讲座,也要实践。这门课的上课形式可以更加活泼,更加注重体验性和丰富多彩性。

三、个别专业离职率较高需警惕

学生从毕业到现在离职率较低的专业是农村合作金融（16%）、财务管理（19%）、金融管理与实务（22%），离职率较高的专业是电子商务（54%），详见表5。

表5 主要专业的离职率

单位:%

毕业生届别 专业名称	2010届	2011届	2012届	2013届	2015届	2017届	2018届
数字媒体应用技术	—	—	—	—	—	38	44
商务英语	42	39	56	55	41	33	43
国际商务	41	28	48	38	50	—	41
房地产经营与管理	27	40	20	40	25	36	41
市场营销	26	29	44	44	44	37	40
文秘	47	29	43	31	—	45	38
保险	25	33	32	30	40	40	37
国际贸易实务	38	35	17	40	46	34	33
农村合作金融	16	17	26	22	30	16	32
投资与理财	24	27	26	17	46	35	30
金融管理与实务	20	28	24	22	20	22	29
信用管理	32	18	32	29	36	26	27
会计	22	29	26	27	33	27	27
电子商务	44	44	—	53	31	54	25
财务管理	29	33	32	34	20	19	23
计算机信息管理	31	20	33	48	38	47	20
会展策划与管理	—	—	—	—	—	—	—
工商企业管理	34	41	42	42	31	43	—
国际金融	19	20	26	27	26	24	

注:表格按2018届数值降序展示。

从麦可思数据报告可以发现,薪资福利偏低、个人发展空间不够、想改变职业或行业、工作要求高压力大、对单位管理制度和文化不适应等是学校毕业生主动离职的主要原因。正常范围内毕业生主动离职是一种正常现象,如果某个专业持续发生超出正常范围的高离职率现象,就应该引起学校就业部门的警惕。一方面,要找出高离职率的原因,对症下药。出现高离职率,从某种意义上说,主要是毕业生自身的原因。说明毕业生所学专业、所从事职业不符合毕业生职业发展要求,要注意到有些毕业生就业期望过高,存在不合理的薪资待遇以及工作环境的要求。在工作各方面条件未能如愿的情况下,毕业生宁愿选择暂时性失业。另一方面,毕业生就业目标模糊,定位不清。有相当一部分毕业生未能对自己有较为明晰的职业定位。作为学校来说,首先,要对学校所开专业进行考量和检视,看这个专业是否适合社会经济发展的需要,对毕业生是否有吸引力,这个专业是否有可持续发展能力。其次,要加强对毕业生职业发展规划的指导,帮助毕业生树立长远眼光看待专业和职业的发展,还要加强毕业生就业心理、就业期待的疏导和引导。

四、就业创业工作队伍专业化水平有待提高

通过重新审视麦可思10年数据报告,我们有一个很深的印象,那就是新形势下对从事毕业生就业创业工作的工作队伍要求更高了,这支队伍每年直接服务数以千计的毕业生,他们的工作水平直接决定了学校就业创业工作的成效和质量。但是学校就业创业工作队伍的构成主要是学院招生就业处的相关人员,以及各下属系部负责就业工作的辅导员老师、毕业班班主任等,这些工作人员往往身兼数职,因而他们在具体工作上可能出现工作负荷过大、人员流动频繁的问题,一定程度上影响了工作效率。

麦可思10年数据报告显示的以下问题都与上述原因有关:学生与辅导

员或班主任接触较少；职业发展规划服务的有效性较低；校友推荐度降低；解决学生问题不及时比例较高等。此外，由于很多负责就业创业的老师很难从冗繁的工作中脱身以对相关的就业创业政策、理论进行系统深入的学习，也缺乏走出去到其他兄弟院校学习借鉴有效工作举措的机会，这就导致工作人员自身掌握的政策、理论水平滞后，使得工作队伍整体职业化程度较低，从而在指导学生时显得力不从心，难以对学生进行有针对性和系统性的就业指导。学校要加强辅导员、专业就业指导老师、就业指导工作人员的理论和业务培训，把学校就业创业这支队伍建设得更加坚强有力。

（一）开展就业指导理论和业务培训，提升辅导员职业发展意识和就业指导水平

学校要对全校毕业生辅导员进行一天的"岗前培训"，集中学习如何指导毕业生制作求职材料、求职礼仪、毕业生就业管理办法、毕业生就业信息管理系统操作、就业过程中遇到的常见问题等；开设以心理辅导技巧、就业辅导技巧、如何做好学生个性化职业指导、职前教育网络学堂的使用方法、如何处理好社会工作和学业的关系、是专升本还是就业、专业与职业发展、提高职业生涯规划的执行力等为主题的"辅导员工作坊"，对辅导员进行专项业务辅导，学习并掌握学生个性化职业咨询中存在的普遍性问题的基本解决思路和方法；定期进行学生工作调研和交流。

（二）培养就业指导专职教师理论素养和研究能力，提升质量意识和教学水平

学校要注重对教学团队的培养，制定中短期培养计划，采取切实有效的措施，力争打造一支高水平的理论教学和实践指导的"双师型"教学团队。如组织教师到企业人力资源部门兼职锻炼、参加国内外职业生涯规划理论培训、参与就业工作实际过程、担任学生班主任、开展就业指导课题研究等。

（三） 加强就业指导工作人员职业化培训，提升服务意识和服务水平

要以"有利于学生成长成才、有利于用人单位招贤纳才、有利于学校可持续发展"为工作理念，以"提高学生和用人单位满意度、提高学生就业率和就业质量"为工作目标，规范就业服务，将就业服务工作分解为若干工作程序（程序化），为每道工作程序制定相应的服务标准（标准化），对工作人员进行理论知识和专业技能培训，让工作人员具备专业服务能力（专业化），从而实现就业工作服务的职业化。

五、创新创业教育有待加强

图5为浙江金融职业学院2015—2018届自主创业比例变化趋势。学校2015—2018届自主创业比例分别为2.4%、1.8%、2.0%、2.0%，而浙江省高校毕业生职业发展状况及人才培养质量调查报告显示，2016届高职院校创业率排名第一位的义乌工商职业技术学院自主创业率为11.86%，第十位的浙江长征职业技术学院为7.59%；2017届高职院校创业率排名第一位的浙江体育职业技术学院自主创业率为12.43%，第十位的杭州职业技术学院为

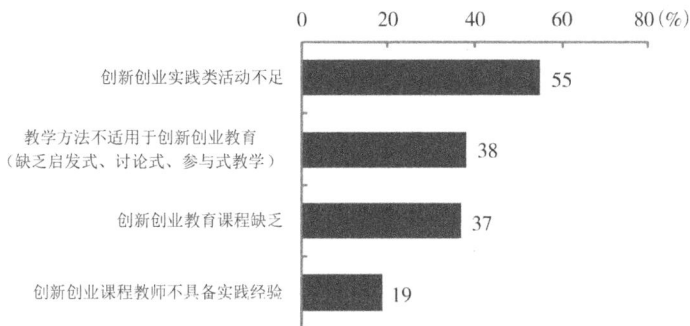

图5　创新创业教育改进需求（多选）

6.92%。从以上对比中可以知道,学校自主创业率与浙江省其他高职院校相比还很低,需要加强。

浙江作为中国投资创业最具活力的热土,中小企业数量位居全国前茅。同样,浙江高校毕业生的自主创业率一直位于全国前列,这都成为浙江所独有的创新创业优势。浙江金融职业学院作为浙江省内知名的高职院校,在学生创新创业工作中也应走在浙江省高职院校前列。

麦可思数据报告反映了浙江金融职业学院在创新创业方面数据上的差距以及需要继续改进的地方。学校也应清醒地认识到,在积极鼓励学生自主创业的同时,尚未形成一套较为完善的创业工作指导服务体系,有关创业教育也缺乏相应的课程设置,零散的创业指导难以形成坚固的理论指导基础;同时,缺乏较为专业的创业工作人员,这也是一些创业指导工作难以落到实处的一个原因。

今后,学校在鼓励学生自主创业的过程中,还应该加强对学生在创新能力、创业意识、创业形式以及具体的操作流程、技术支持等方面的教育和指导。加强大学生创新创业教育工作,通过课程教学、竞赛活动、创业实践等途径扎实推进创新创业教育活动,特别是要在加强创新创业实践类活动上下功夫。大力扶持学生自主创业,梳理各类自主创业典型事例,加大宣传力度,营造良好氛围;积极做好学生职业生涯规划和创业计划大赛的组织工作;加强就业观教育,引导毕业生树立"志存高远、脚踏实地、勇于担当"的就业观,树立"到基层就业光荣、在基层锻炼成长"的就业观。

六、毕业生就业观念需要改变

从麦可思数据报告反映出的学生离职率、就业观念、就业心态等,以及学校近10年就业工作发现的问题,可以发现,学校毕业生的就业观念需要改变。

　　部分毕业生就业期望过高,就业观念有待转变。由于部分毕业生的就业期望过高,未能摆正自身的就业心态,存在"有业不就"的现象。近些年,学校基层就业率有所降低,有些学生不愿意到基层就业,择业范围局限在大城市、大公司,攀比心理严重。由于毕业生就业期望过高,存在不合理的薪资待遇以及工作环境的要求,在工作各方面条件未能如愿的情况下,毕业生宁愿选择暂时性失业。另外,毕业生就业目标模糊,定位不清,有相当一部分毕业生未能对自己有较为明晰的职业定位。他们如同赶集似的奔赴招聘会现场,而到招聘会现场后,却不知道自己该应聘什么行业、什么岗位。由于没有找准定位,毕业生可能出现"不是无业可就,而是有业不就"的现象。另一方面,一部分较为优秀的学生手上有较多的工作选择,但是由于他们学习成绩好、能力强、综合素质高,对工作要求也高,不愿意轻易就业,因而就形成了这部分学生就业难的现象。

　　就业观念转变的关键是要走出"期望与现实矛盾"的心理误区。虽然大部分大学生认识到了当前就业形势的严峻,但到了实际找工作时,由于不愿意下基层,对职位、工资水平要求过高等心态导致的人才供需错位,仍是阻碍大学毕业生正常就业的主要原因。为此大学毕业生必须调整就业心态,转变就业观念,拓展就业渠道。第一,转变传统就业观念,拓宽就业渠道。改革开放以来,大学生的价值观和择业观也发生了相应的变化,主要表现在择业过程中急功近利,就业时向往东部和沿海的大城市,不愿到小城镇、农村基层及边远地区;对工商、税务、金融等职业趋之若鹜;工资及住房条件更是越高越好。这些传统的就业观念在当代大学生中影响很大,很多大学毕业生对自己未来的工作单位在地域、待遇、环境等方面都存在过高期望,而这些恰恰给用人单位留下不良印象,严重影响用人单位录用人才。因此,必须及时改变这些就业观念,树立全新的就业观念。第二,先就业,后择业,从

"一步到位"到"骑马找马"。毕业生要树立先就业、后择业、再立业的观念，走一条面对现实、降低起点、先融入社会再寻求发展的道路。在目前严峻的就业形势下，毕业生就业时只要有单位接收，就应该先就业，先融入社会，脚踏实地锻炼自己。工作一段时间后，如果单位不适合自己发展，可以重新选择职业。有了工作经历，各方面的经验和能力肯定会有所提高，时机和条件到来时，完全可以大显身手。第三，勇于创业，由被动就业向自主创业转变。现在的高校毕业生，敢于和愿意自我创业的人不多，原因是多方面的。我们的教育缺乏为学生自我创业创造机会和自我创业能力的机制，我们的社会还缺乏鼓励学生自我创业、独立发展的制度，但更重要的恐怕是我们的毕业生缺乏自我创业的观念，从进入高校求学、选专业，到就学、形成知识和能力，最后到谋业，都很少或者根本没有考虑自我创业、"自己给自己造饭碗"的可能性、必要性，更没有去考虑自我创业的操作可能性。为了解决高校毕业生就业难问题，我们有必要在高等教育中向学生灌输自我创业的观念、方法、技能，提供这样的途径和鼓励机制，让毕业生在进入市场时有强烈的创业意识和意愿。

第三节

麦可思10年数据报告反映出的浙江金融职业学院就业质量方面取得的成果及分析

麦可思从毕业生就业质量、教学培养质量、学生服务落实情况,以及校友评价等方面对浙江金融职业学院2009—2018届毕业生培养质量进行了近10年的跟踪调查。通过对麦可思10年数据报告的再审视,我们可以从十个方面归纳出浙江金融职业学院近10年取得的就业质量方面的成果。

一、 近十届毕业生就业率均超过95%,毕业落实较好

(一) 2009—2018届毕业生的就业率均在95%以上,高于全国示范性高职院校水平

就业率反映了高校毕业生供给、市场需求、毕业生个人选择三者之间的匹配程度,是培养目标的达成度在供求数量上的反映。浙江金融职业学院2009—2018届毕业生就业率均在95%以上,高于全国示范性高职院校平均水平。毕业生整体就业率较高,从供求数量上反映出学校培养取得了较好

成效。当下,我们既不能唯就业率而动,又不能无视就业率在就业质量中所占的位置,因为就业率也是反映就业质量高低的一个重要因子。高等职业教育是一种以就业为导向的教育,就业率是最为重要的指标,也是最重要的质量之一。因此必须高度重视就业,保持就业率稳定,这也是学校各专业建设成效的一个重要指标,从图6可以发现以下几点。

首先,学校近10年就业率除2012年、2013年、2016年外,均保持在97%以上。这样的高就业率反映了学校狠抓就业立校,各方协力在人才培养和就业教育指导上取得的成果;反映了学校既重视毕业生就业质量,又狠抓提高毕业生就业率这项工作,因为一个学校毕业生就业率高反映了高校毕业生供给、市场需求、毕业生个人选择三者之间的高匹配度,也就在很大程度上反映了学校培养人才的适销对路。较高的毕业生就业率能提升学校的声誉,较大程度上反映了学校的办学水平;反映了学校就业主管部门近10年所付出的辛勤劳动。近10年较高的毕业生就业率,从一个侧面反映了学校就业主管部门运用工作专门优势,创新工作方法,在学校党政统一指挥下,在全校就业工作中发挥了总揽全局、协调各方的作用取得这样的成绩,学校就业主管部门功不可没。

其次,学校毕业生就业率连续10年高于全国示范性高职院校平均水平,特别是2009年、2010年两年,就业率高于全国示范性高职院校10%左右。这从一个侧面反映了我校与全国示范性高职院校相比,在毕业生就业率方面的优势。学校作为全国示范性高职院校,既要做浙江高职院校的标杆、示范,也要在全国高职院校中占有一席之地,连续10年超过全国示范性高职院校的就业率,为学校建设全国优质高职院校提供了保证,也提高了学校在全国高职院校中的声誉,对学校未来的发展、对外合作、政策支持、招生就业等方面都有着重要的助力作用。

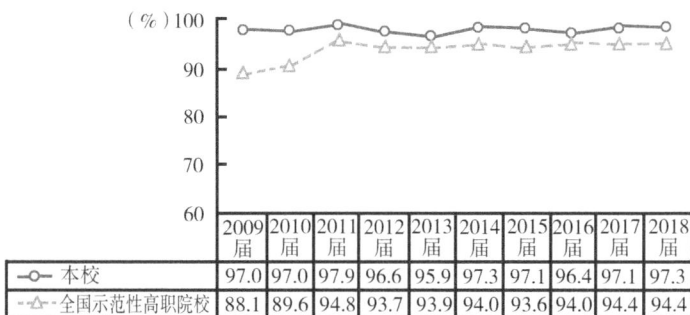

	2009届	2010届	2011届	2012届	2013届	2014届	2015届	2016届	2017届	2018届
本校	97.0	97.0	97.9	96.6	95.9	97.3	97.1	96.4	97.1	97.3
全国示范性高职院校	88.1	89.6	94.8	93.7	93.9	94.0	93.6	94.0	94.4	94.4

图6　浙江金融职业学院2009—2018届毕业生就业率的变化趋势

就业率反映了毕业生就业创业工作的落实情况。教育部公布的高校毕业生就业率计算公式为：

毕业生就业率＝(已就业毕业生人数÷毕业生总人数)×100%

毕业生总人数＝已就业毕业生人数＋待就业毕业生人数＋暂时不就业毕业生人数

已就业毕业生包括：受雇全职工作人员(平均每周工作32小时或更多)、受雇半职工作人员(平均每周工作20小时到31小时)、自主创业就业人员、毕业后入伍人员、毕业后读本科的人员。

(二)　主要专业近10年就业率保持较好态势

学校2009—2018届国际金融、市场营销专业的就业率持续较高,均在96%及以上,但电子商务、工商企业管理专业在近三届呈下降趋势。学校在总体就业率近10年保持在95%基础上,从表6可以发现以下两点。

首先,近10年内,主要专业就业率最低为88%(信用管理,2010届),最高包括国际金融、文秘、会展策划与管理、计算机信息管理、商务英语、财务管理、国际商务、数字媒体应用技术、信用管理等专业的若干年份都出现过100%的就业率。而90%以下的就业率只出现在两个专业(信用管理、2010届、88%;国际贸易实务、2009届、89%)。这两个专业的就业率在随后的年份中都有大幅度增长。这说明,学校主要专业就业率近10年保持在较高水平,某个年份某个就业率低的专业知耻后勇,在随后的就业工作中狠抓就业率,从而实现了自己的目标。

其次,学校2009—2018届国际金融、市场营销专业的就业率持续较高。国际金融专业近10年就业率都在96%以上,2015—2018届连续四届就业率保持在100%;市场营销专业近10年就业率保持在96%以上。这说明这两个专业在人才培养方面紧贴市场,毕业生适销对路,毕业生就业工作做得扎实,希望这两个专业在保持高就业率的同时,瞄准就业质量,全面提高。通过观察,电子商务、工商企业管理专业毕业生就业率在近三届呈下降趋势,电子商务(2016,100%;2017,100%;2018,93%),工商企业管理(2016,100%;2017,95%;2018,91%)。这两个专业需要总结就业下降的根本原因,对症下药,相信经过努力,毕业生就业率会回到正常水平。

表6 浙江金融职业学院2009—2018届主要专业近10年毕业生就业率趋势

单位:%

毕业生届别 专业名称	2009届	2010届	2011届	2012届	2013届	2014届	2015届	2016届	2017届	2018届
国际金融	98	98	98	97	96	98	100	100	100	100
文秘	95	100	97	97	100	100	100	94	98	100
计算机信息管理	98	94	95	100	93	100	90	93	94	100
会展策划与管理	—				95	96	97	90	100	
农村合作金融	—	100	94	97	98	94	95	—	97	99
会计	99	99	99	97	96	99	99	95	96	99
商务英语	100	98	100	98	94	98	97	98	100	98
财务管理	100	100	100	94	94	96	98	98	98	98
国际商务	—	97	100	98	98	100	97	92	98	98
信用管理	—	88	100	98	94	100	98	100	98	98
投资与理财	95	97	93	97	100	99	97	98	95	98
数字媒体应用技术	—	—	100	100	86	—	89	96	100	97

毕业生届别 ＼ 专业名称	2009届	2010届	2011届	2012届	2013届	2014届	2015届	2016届	2017届	2018届
市场营销	97	99	100	96	96	97	97	96	99	97
国际贸易实务	89	95	98	100	96	99	97	95	96	97
金融管理与实务	96	97	99	93	96	98	98	96	99	96
保险	100	100	95	98	98	92	98	97	92	96
房地产经营与管理	95	98	98	100	94	98	100	98	100	95
电子商务	99	97	93	—	96	94	95	100	100	93
工商企业管理	98	98	98	94	91	91	100	100	95	91

注：表格按2018届数值降序展示。

二、毕业生薪资水平呈上升趋势，未来发展空间较大

（一）2009—2018届毕业生的月收入呈现上升趋势

月收入既反映了劳动力市场的给薪水平、产业的收入空间，也是高校品牌、专业价值、毕业生能力的综合体现。浙江金融职业学院2009—2018届毕业生的月收入呈现上升趋势，未来发展空间较大。从薪资角度来讲，毕业生在就业市场具备较强的竞争力。

毕业生月收入是就业质量考量的一个重要因子，从图7可以发现，2009—2018届浙江金融职业学院毕业生月收入是平稳上升的，大部分年份是高于全国示范性高职院校毕业生月收入或者是持平的。在考量毕业生月收入时，毕业生工作所在地区、行业，毕业生所从事的职业，一个时期经济、社会发展状况等都要加以考虑，这需要科学的计算；但是从稳定上升的毕业生月收入可以得出结论，浙江金融职业学院毕业生求职质量是稳定的，是能与全国示范性高职院校比拼的。不过，作为身处全国经济发展水平先进的浙江

省,作为收入期待高的财经金融类高职院校,浙江金融职业学院毕业生月收入应该随着经济社会的发展和毕业生综合能力的提高而有更大的提高。

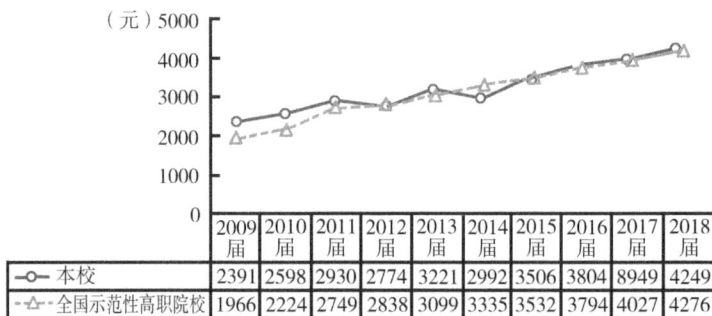

（元）	2009届	2010届	2011届	2012届	2013届	2014届	2015届	2016届	2017届	2018届
本校	2391	2598	2930	2774	3221	2992	3506	3804	8949	4249
全国示范性高职院校	1966	2224	2749	2838	3099	3335	3532	3794	4027	4276

图7 2009—2018届毕业生的月收入变化趋势图

月收入是指毕业后毕业生实际每月工作收入的平均值。月收入包括工资、奖金、业绩提成、现金福利补贴等所有的月度现金收入。

（二）主要专业近10年月收入均有不同程度增长

房地产经营与管理专业近10年薪资的增长最大,从2009届到2018届平均增长了2743元;投资与理财专业的增长最小,从2009届到2018届平均增长了1208元。表7反映了浙江金融职业学院2009—2018届主要专业的毕业生月收入近10年的变化情况,各专业都有不同程度的增长。毕业生月收入与所学专业有很大关联,在学校毕业生工作与专业相关度不断提升的情况下,所学专业的市场前景、热度、薪酬水平等决定了毕业生所从事工作月收入的水平。这提醒我们,作为老牌财经金融类专业学校,在保持学校优势专业竞争力的前提下,还应该根据经济社会发展状况,发掘紧贴社会发展、市场前景好的专业,学校房地产经营与管理专业近10年薪资的增长最大,就反映了学校适应经济社会发展,开辟新专业取得的成效。当然,对近10年薪资的增长最小的投资与理财专业也要客观看待,作为金融类学校常设的专业,毕业生月收入增长较小,这与经济周期、行业发展、个人能力等都有一定关系,对这类专业要增强信心、增加定力,紧贴行业发展形势做好学生的综合能力培养,相信这类专业的前景还是光明的。

表7 浙江金融职业学院2009—2018届主要专业的毕业生月收入情况

单位:元

专业名称 \ 毕业生届别	2009届	2010届	2011届	2012届	2013届	2014届	2015届	2016届	2017届	2018届
房地产经营与管理	2635	2777	2871	3158	3677	3075	3932	3504	4277	5378
国际金融	2487	2860	3169	2921	3256	3307	3731	5019	3742	4907
电子商务	1997	2629	3036	2900	3188	3077	4013	3444	3917	4495
金融管理与实务	2671	2753	3038	2964	3481	3060	3579	4035	4468	4397
文秘	2235	2747	2645	2376	3221	2890	3260	4066	3948	4321
保险	2004	2483	3068	3009	3388	2787	3634	4067	4245	4309
国际贸易实务	2609	2552	3015	2779	3132	2944	3222	3237	3609	4283
财务管理	2187	2565	2790	2708	3036	2868	3418	3463	3863	4263
农村合作金融	—	2713	2534	2664	3091	2824	3430	—	4022	4254
计算机信息管理	2238	2207	2876	2766	3264	2968	3395	4025	3886	4208
市场营销	2494	2632	3081	2780	3345	3336	3454	4411	4122	4167
数字媒体应用技术	—	—	2917	3067	3170	3158	3360	3845	3842	4161
工商企业管理	2341	2586	2803	2738	3062	2718	3993	3824	4010	4100
信用管理	—	2745	3325	2741	2816	3322	2985	3600	3507	4024
国际商务	—	2750	3108	2672	3427	2993	3254	3635	4088	4019
会计	2295	2603	2809	2594	3024	2819	3370	3624	3712	3998
投资与理财	2713	2877	3048	2755	3142	2670	3490	3726	3910	3921
商务英语	2650	2276	2767	2438	2649	2876	3010	3400	3470	3902
会展策划与管理	—	—	—	—	—	3100	3861	4142	3955	—

三、毕业生就业满意度呈上升趋势，职业认同感较强

（一）2011—2018届毕业生的就业现状满意度呈上升趋势

就业现状满意度是毕业生个人职业认知、就业期待实现程度的反映。2011—2018届毕业生的就业现状满意度呈上升趋势，从2011届的67%上升至2018届的77%；且近10届均高于全国示范性高职院校，毕业生对就业现状的整体感觉较好。这可以从以下几个方面进行分析。

首先，这是毕业生个人适当的职业认知、合理的就业期待实现程度的结果。近几年，部分毕业生出现了就业期望过高，未能摆正自身的就业心态，存在不合理的薪资待遇以及工作环境要求的情况，由此产生了不适当的职业认知。为此，学校加强对毕业生进行正确的职业认知、就业心态教育，让毕业生提前对将来所从事的职业有一个正确的认识，避免从业后"没有想象的好"或者自感选错职业的情况发生，这样就会使毕业生形成适当的职业认知、合理的就业期待实现程度。

其次，将学生职业认知认同与专业认知认同融合起来，以此增强学生的职业认同感。在工作与专业相关度不断提升的情况下，大多数毕业生所从事的职业都与在校所学专业相关。为此，学校注重学生择业观教育，将学生职业认知认同与专业认知认同融合起来，成功地探索出一个提升专业认同促进学生高质量就业的新方法，为毕业生就业工作积累了鲜活的新经验，各个系部基本形成了富有本系学生工作的新特色。各个系部根据从专业群建设实际出发，通过全程立体化的专业思想教育、实践教育和氛围营造等方式将职业认同感教育融入学生的就业指导、职业规划、学业提升，增强学生的专业认知感和认同感，巩固学生专业思想，引导学生择业观的转变，增强学

生对职业的认同感,促进学生就业,提升学生就业质量。

学校教育教学质量如何,学生最有感觉和知觉,最有感受和体会。让学生满意,让学生成才也是我们的宗旨和要求。所以,必须坚持以生为本理念,完善"三关"工作体系,切实把学生工作做好,切实把育人为本工作落到实处,切实提高学生满意度。

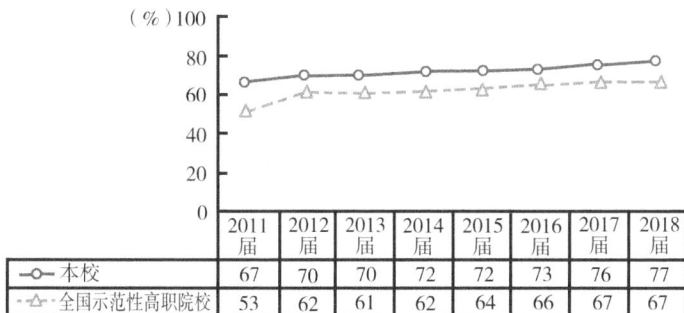

(%)	2011届	2012届	2013届	2014届	2015届	2016届	2017届	2018届
─○─本校	67	70	70	72	72	73	76	77
┈△┈全国示范性高职院校	53	62	61	62	64	66	67	67

图8 2011—2018届毕业生的就业现状满意度趋势

(二) 主要专业就业现状满意度呈上升趋势

2016—2018届信用管理、金融管理专业的就业现状满意度呈上升趋势,同时近三届保险专业的就业现状满意度呈下降趋势。

从表8可以发现,主要专业就业现状满意度总体呈现上升趋势。同时以下情况也值得重视:就业现状满意度主要专业最高的达到95%(2015届,国际金融);最低的45%(2013届,财务管理,45%);同一专业不同年份就业满意度差距很大的情况也有发生(财务管理:2013,45%;2018,79%)。这些情况说明,学校在专业设置上要紧跟社会发展步伐,使专业与社会的结合度更强,以增强专业的社会适应力和吸引力,同时要对学生加强专业认同教育,从而增强毕业生的职业认同感,最终提高他们的就业现状满意度。

表8 2011—2018届主要专业的毕业生就业现状满意度情况

单位:%

毕业生届别 / 专业名称	2011届	2012届	2013届	2014届	2015届	2016届	2017届	2018届
文秘	73	70	63	68	—	80	65	91
农村合作金融	71	68	78	74	74	—	73	89
房地产经营与管理	54	87	78	83	88	72	86	88
信用管理	72	69	53	82	76	56	61	86
市场营销	75	69	61	79	69	64	87	83
投资与理财	66	81	74	65	69	80	81	81
电子商务	53	—	—	—	79	82	87	79
财务管理	67	63	45	81	50	67	51	79
金融管理与实务	70	72	80	73	76	74	77	78
保险	66	69	68	74	77	90	79	73
国际贸易实务	53	64	59	66	69	75	80	70
计算机信息管理	—	81	72	67	63	64	70	69
会计	73	74	71	71	69	67	77	69
数字媒体应用技术	—	—	—	—	—	71	81	67
国际商务	71	55	70	—	63	—	—	63
商务英语	71	71	68	63	61	70	82	58
会展策划与管理	—	—	—	—	—	—	—	—
工商企业管理	81	68	65	62	82	67	84	—
国际金融	73	71	74	77	95	73	75	—

注:表格按2018届数值降序展示。

四、总体工作与专业相关度呈上升趋势，能学以致用

（一）总体工作与专业相关度呈现波动中上升的趋势，整体目标达成较好

工作与专业相关度反映毕业生所学的专业知识与实际工作需求的匹配度，是检验专业培养达成情况的重要指标。从数据趋势来看，2009—2011届、2013—2014届、2015—2017届呈上升趋势，同时2011—2013届、2014—2015届、2017—2018届呈下降趋势，整体数据呈现波动性，见图9。此外，纵观10年的工作与专业相关度，从2009届的57%上涨到了2018届的64%，整体是有所提升的。综合来看，本校近10届的毕业生培养效果呈现波动中上升趋势，整体培养目标达成较好，越来越多的毕业生从事的工作与专业对口，可以将所学知识加以运用。

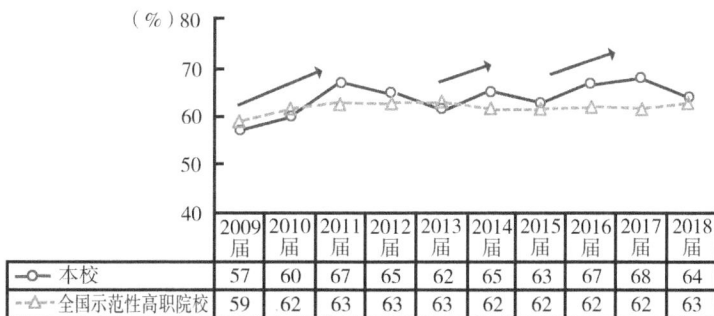

	2009届	2010届	2011届	2012届	2013届	2014届	2015届	2016届	2017届	2018届
本校	57	60	67	65	62	65	63	67	68	64
全国示范性高职院校	59	62	63	63	63	62	62	62	62	63

图9 2009—2018届浙江金融职业学院工作与专业相关度变化趋势

近10年学校总体工作与专业相关度呈波动上升的趋势，这是学校专业设置进行供给侧改革，由供给导向转为市场需求导向，对就业率低、工作与专业相关度低的专业适时进行调整的结果。例如进行校企合作，订单式人才培养，由用人单位和学院共同完成，学生毕业以后就成为相应商业银行的

员工;成立银领学院,和商业银行等金融机构合作,共同培养面向银行一线业务的高素质高技能应用型金融人才。这些措施提高了学生就业方向与所学专业相关性,避免人才浪费。

10年来,学校就业主管部门广开就业门路,努力达成"专业人才做专业的事"。学院与用人单位建立深层次的友好联系,热情地接待来我院招聘的用人单位,尽力为它们提供便利服务,落实每一个单位的招聘岗位,切实解决毕业生的就业问题。多年来,学校还为毕业生举行冬季大型招聘会和小型专场招聘会,金融系、投资与保险系、会计系、经营管理系、国际商务系、信息技术系、人文艺术系及银领学院等系部(分院)还以学院和专业优势,举办了理财、保险、贸易、财务等各类专场小型招聘会,以及各类实习生招聘会和储备人才供需见面会。中国银行、招商银行以及金融类企事业单位来校举办了专场宣讲会和招聘会。同时,经过多年的建设,学校就业网站已经成为学校毕业生了解就业政策、学习就业技巧、进行就业咨询和获取就业信息的主要平台。

(二) 主要专业近10年工作与专业相关度总体呈上升趋势

本校2014—2018届工商企业管理专业的工作与专业相关度呈上升趋势;同时,2014—2018届商务英语专业呈下降趋势,2015—2018届电子商务专业呈下降趋势。

对主要专业工作与专业相关度的考量,我们欣喜地看到总体呈上升趋势。这当然与学校同舟共济有关,也与各专业院系做出的努力有关。据表9所示,财务管理、国际商务、会计专业2018届工作与专业相关度分别达到90%、80%、80%,说明这几个专业在人才培养结构改革上下了大功夫,是人才培养质量提升的标志。同时,2014—2018届商务英语专业呈下降趋势,2015—2018届电子商务专业呈下降趋势。对此,要客观分析,根据专业特点实事求是地进行考量,有些要从外部找原因,有些要从内部找原因。

表9　2009—2018届毕业生工作与专业相关度情况

单位:%

毕业生届别 专业名称	2009届	2010届	2011届	2012届	2013届	2014届	2015届	2016届	2017届	2018届
财务管理	78	78	86	72	63	85	82	75	73	90
国际商务	—	50	62	59	60	56	69	68	46	80
会计	75	78	88	83	80	79	72	73	80	80
金融管理与实务	79	79	80	79	74	75	73	76	75	76
国际金融	87	85	75	75	83	60	73	85	77	70
农村合作金融	—	90	79	89	81	81	69	—	82	70
投资与理财	83	80	82	75	79	70	66	70	68	66
工商企业管理	33	40	39	43	46	45	47	59	59	62
国际贸易实务	37	64	67	68	65	60	69	70	72	61
数字媒体应用技术	—	—	—	29	29	—	—	71	48	59
信用管理	—	73	61	66	56	62	55	67	72	59
商务英语	36	60	62	72	65	74	72	67	64	57
文秘	29	36	42	54	39	52	36	63	56	56
保险	62	53	62	59	51	55	56	44	52	51
房地产经营与管理	45	53	53	65	56	56	66	54	59	47
计算机信息管理	33	34	28	24	35	43	38	46	42	40
电子商务	30	35	42	—	26	—	50	48	48	38
市场营销	55	44	66	65	55	52	51	56	56	38
会展策划与管理	—	—	—	—	—	50	48	58	88	—

注:表格按2018届数值降序展示。

五、校友满意度持续较高,在校学习生活体验感受较好

(一) 毕业生在校感受较好,校友满意度高于全国示范性高职院校

校友满意度反映毕业生对母校总体评价情况,主要表现在学生在校期间对学习生活的体验感受。从 10 年数据来看,2009—2018 届校友满意度持续较高,均在 95%—98%,且高于全国示范性高职院校,整体来看毕业生在校感受较好。

从图 10 可以发现,2013—2018 届浙江金融职业学院应届毕业生对母校的总体满意度连续 6 年未低于 97%,且均高于全国示范性高职院校。这样的成绩是在学校正确的办学宗旨、理念、方针指导下取得的,是学校各部门一切为了学生的回报。

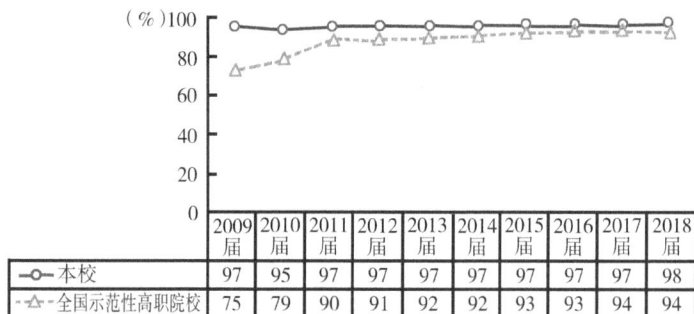

(%)	2009届	2010届	2011届	2012届	2013届	2014届	2015届	2016届	2017届	2018届
本校	97	95	97	97	97	97	97	97	97	98
全国示范性高职院校	75	79	90	91	92	92	93	93	94	94

图 10　2009—2018 届毕业生对母校满意度变化趋势

第一,学校始终坚持以学生为本的办学根本宗旨。树立起一切"为了学生、为了学生一切、为了一切学生"的指导思想,把满腔热情、满脑智慧、满手技能想方设法地传递给学生。一是坚持全员育人,动员全体师生员工和广大校友的力量,投入到教书育人工作中去;二是坚持面向全体育人,这是大众化背景下特有的要求,努力把每一个学生培养成才,造就德才兼备的正

品；三是坚持全心育人，广大教师要集中力量投入到教书育人实践中去，在教好书的同时，担负起班主任、辅导员的职责，做好学生党建等方面的工作，指导好学生社团，引导好志愿者组织，组织好社会实践活动，努力使学生得到全面锻炼和全面发展。

第二，学校就业主管部门10年来坚持不懈为毕业生服务。他们千方百计开拓就业市场，全方位、全过程、全景式地为毕业生提供就业指导服务。他们通过规划课程、讲座、比赛，以及其他形式对学生进行就业指导服务；精心指导学生树立正确的择业观，鼓励毕业生勇敢面对就业择业；邀请行业内企业家进校园召开企业家报告会，给毕业生带来力量；对就业困难的学生进行多种形式的帮扶，使他们重拾就业的希望。正是学校就业相关工作的老师们的辛苦劳动，带来了近10届毕业生对母校满意度的持续较高。

（二）主要专业校友满意度总体较高

从表10可以发现，学校2018届毕业生校友满意度有14个专业达到了100%，另外农村合作金融、国际贸易实务、数字媒体应用三个专业连续两年校友满意度达到100%。这充分显示了学校一切为了学生、切实为学生服务等方面取得的成绩。校友的满意度是学校学生工作的试金石，学校要发扬优势，不为100%而满足，还需要找差距。满意度下降的专业更要自我加压，找出应对策略。就业主管部门要在就业服务方面做得更好，为毕业生顺利毕业、高质量就业提供保障。

表10 2009—2018届毕业生主要专业的校友满意度情况

单位:%

毕业生届别 专业名称	2009届	2010届	2011届	2012届	2013届	2014届	2015届	2016届	2017届	2018届
农村合作金融	—	92	100	100	98	95	97	—	100	100
国际贸易实务	97	87	96	96	100	98	98	96	100	100
数字媒体应用技术	—	—	—	—	—	—	—	93	100	100
计算机信息管理	100	91	100	93	93	100	97	100	97	100
商务英语	100	97	100	100	95	99	96	100	97	100
会计	100	95	94	99	98	96	99	97	97	100
保险	90	94	100	95	100	95	100	100	97	100
工商企业管理	91	100	94	88	94	100	95	97	97	100
国际商务	—	100	100	97	93	—	100	100	96	100
房地产经营与管理	97	92	100	100	100	97	96	93	96	100
市场营销	98	96	88	98	100	99	96	98	94	100
国际金融	95	96	99	93	97	94	97	100	88	100
投资与理财	94	95	96	96	98	95	99	97	99	99
财务管理	98	97	100	98	97	100	97	97	100	97
信用管理	—	88	100	100	97	100	100	100	94	97
文秘	93	94	96	100	88	100	—	100	100	96
金融管理与实务	96	98	98	99	96	99	100	97	97	95
电子商务	98	96	94	—	87	—	89	95	94	88
会展策划与管理	—	—	—	—	—	—	100	100	93	—

六、区域经济贡献度持续较高,外省生源留浙比例提升

毕业生实际就业地区分布反映学校对各地区的人才贡献,学校2009—2018届毕业生在省内就业的比例持续较高,均高于85%。大多数毕业生投入到了浙江省的经济建设中去。从麦可思10年数据报告来看,本校2009—2015届在浙江省就业的比例呈下降趋势,近三届(2016—2018届)有所提升,均提升至90%以上(分别为91.9%、93.5%、92.4%),见图11。10年来,浙江金融职业学院把服务浙江经济发展作为己任,培养的人才85%以上在浙江省内就业,为浙江省经济社会发展、特别是金融事业发展做出了独特的贡献。学校主要面向浙江省内商业银行等金融机构开展大规模、全程化的金融"银领"订单式人才培养,10余年来先后与100多家银行、证券、保险等金融机构开展订单式人才培养,培养了1万余名"银领"人才。

办学40余年来,累计为浙江省乃至全国的金融机构输送了近6万名优秀的经济金融人才,约占全省金融从业人员的1/4。前期毕业生大多已走上领导岗位或成为业务骨干,其中支行副行长以上干部5000余人,学校由此被誉为浙江省金融界的"黄埔军校""行长摇篮"。

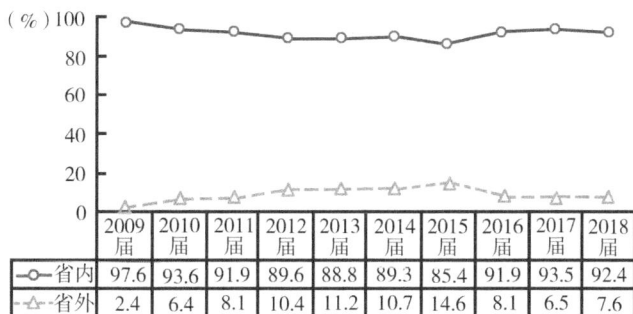

	2009届	2010届	2011届	2012届	2013届	2014届	2015届	2016届	2017届	2018届
省内	97.6	93.6	91.9	89.6	88.8	89.3	85.4	91.9	93.5	92.4
省外	2.4	6.4	8.1	10.4	11.2	10.7	14.6	8.1	6.5	7.6

图11 2009—2018届毕业生在省内/外就业的比例变化趋势

从不同生源地的毕业生来看,浙江省生源毕业生2009—2018届保持高比例在省内就业,均高于95%。外省生源中,2016—2018届外省生源留在浙江省就业的比例有所提升,从2015届的53.1%,提升到70%左右(2016—2018届分别为68.3%、70.8%、68.8%)。外地生源在浙江省就业的意向越来越强。

七、毕业生就业稳定性持续较高,职业长期发展看好

(一) 学校毕业生毕业半年内的离职率持续较低,均低于全国示范性高职院校平均水平

就业稳定性以离职率为衡量指标,反映了毕业生踏入职场初期的稳定程度。具体来说,毕业生毕业半年内的离职率持续较低,均低于全国示范性高职院校平均水平。低离职率表明毕业生就业十分稳定,这有利于毕业生在职场中的长期发展。

图12显示,学校过去10年毕业生离职率保持在30%左右,比全国示范性高职院校平均低10个百分点左右,说明学校毕业生离职率较低,就业稳定性较高,也反映了学校毕业生就业满意度较高。

	2010届	2011届	2012届	2013届	2015届	2017届	2018届
本校	30	30	32	32	36	33	32
全国示范性高职院校	41	42	42	41	43	44	44

图12 2009—2018届毕业生离职率变化趋势

注:本校2014届、2016届没有调查离职率,所以表格中没有体现。

毕业生离职的原因有很多。根据浙江省教育评估院的调研,离职原因排名第一位的是"个人发展空间不够",第二位的是"薪资福利偏低",第三位是"其他原因",第四位是"想改变职业或行业",第五位是"对企业管理制度和文化不适应/工作要求和压力大"。这些说明了什么呢?第一,个人发展空间不够,说明离职找到更好的工作不难,或者说明浙江省自主创业的空间较大。第二,"薪资福利偏低""对企业管理制度和文化不适应/工作要求和压力大",说明60%的毕业生就职单位为民办企业,某些用工单位在用人方面还存在不规范现象。第三,其他原因。说明近两三年的毕业生与以往毕业生最大的不同是家庭条件更好了,他们不再有经济上的负担,慢慢找工作的现象越来越明显。

通过以上分析,可以反向得出学校毕业生在个人发展空间、薪资福利、适应能力、就业主动性等方面有正面的倾向,这也与麦可思调研显示的相关数据呈正相关。这说明学校在人才培养以及毕业生就业教育指导方面,取得了良好的效果。

(二) 主要专业就业稳定有所增强

表11显示,2015届、2017届、2018届房地产经营与管理、金融管理专业的离职率呈上升趋势,离职率上升表明就业稳定性有所下降;同时国际贸易实务、投资与理财专业的离职率呈下降趋势,就业稳定性得到增强。

同时,我们注意到,数字媒体应用技术、商务英语、国际商务、房地产经营与管理四个专业2018年离职率分别为44%、43%、41%、41%,学校需要研究这几个专业毕业生离职率上升的深层次原因。要结合专业特点做好研究分析、结合内外部原因提出科学对策,在尊重毕业生职业选择权利的情况下,对毕业生进行相关教育。

表11 2009—2018届毕业生主要专业的离职率情况

单位:%

专业名称 \ 毕业生届别	2010届	2011届	2012届	2013届	2015届	2017届	2018届
数字媒体应用技术	—	—	—	—	—	38	44
商务英语	42	39	56	55	41	33	43
国际商务	41	28	48	38	50	—	41
房地产经营与管理	27	40	20	40	25	36	41
市场营销	26	29	44	44	44	37	40
文秘	47	29	43	31	—	45	38
保险	25	33	32	30	40	40	37
国际贸易实务	38	35	17	40	46	34	33
农村合作金融	16	17	26	22	30	16	32
投资与理财	24	27	26	17	46	35	30
金融管理与实务	20	28	24	22	20	22	29
信用管理	32	18	32	29	36	26	27
会计	22	29	26	27	33	27	27
电子商务	44	44	—	53	31	54	25
财务管理	29	33	32	34	20	19	23
计算机信息管理	31	20	33	48	38	47	20
会展策划与管理	—	—	—	—	—	—	—
工商企业管理	34	41	42	42	31	43	
国际金融	19	20	26	27	26	24	—

注:表格按2018届数值降序展示。

八、就业指导服务满意度与求职服务有效性持续较高

(一) 就业指导服务满意度持续较高

2018届毕业生对就业指导服务的总体满意度为95%,与本校2017届

（95%）基本持平，较2016届（92%）有所提高，绝大多数毕业生对本校就业指导服务表示满意，详见图13。

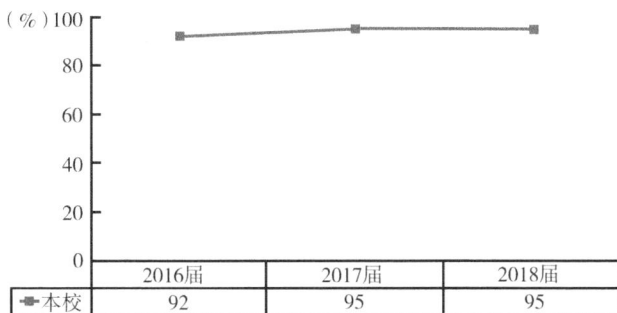

	2016届	2017届	2018届
本校	92	95	95

图13　2016—2018届毕业生对就业指导服务的总体满意度

对毕业生进行就业指导服务是学校做好毕业生就业工作的重要一环。从麦可思提供的近三年的相关数据来看，毕业生对学校提供的就业指导服务满意度是较高的，学校基本上满足了绝大多数毕业生对就业指导服务的需求。这是学校在就业立校、服务强校工作理念指导下取得的成果。学校从一把手到基层辅导员，都把毕业生就业指导服务作为服务学生、做好就业工作的重要工作来对待；学校就业主管部门更是把就业指导服务紧紧抓在手上，千方百计地为毕业生提供高质量的就业指导服务。

学校通过规划课程、讲座、比赛以及其他形式对毕业生进行就业教育指导；精心指导毕业生调整择业心态，每年都召开毕业生辅导员、就业联络员会议，对大家说明情况，打消顾虑，鼓励毕业生到行业企业就业。学院积极邀请行业内专家为毕业生做职业规划、就业创业指导，开展名师讲坛，将行业前景实际动态传递给毕业生，引导学生到行业内就业；关注重点人群，帮助"双困难"毕业生解决心理上和求职过程中的实际问题。同时，精心挑选合适的就业岗位，对"双困难"毕业生给予优先推荐。

通过以上措施，学校使毕业生增强了求职的信心，调整了求职心态，掌握了求职技巧，从而勇敢地走向职场。

从表12求职服务参与情况来看,学院2009—2018届求职服务参与度有所增长,从2009届的89%,提高到2018届的94%。具体来看,除"直接介绍工作"外,其他各项求职服务参与度均有所增长。

在对毕业生进行就业动员后,他们满怀信心地走向求职场,从而接受求职服务的意愿和积极性就得到增强。2018年94%的毕业生参与了求职服务,说明毕业生求职服务参与比例达到了较高水平。

学校每年都会组织1—2场大型招聘会,充分发挥招聘会对毕业生求职引导的作用,并通过校企互动、座谈和大型人才招聘会形式学生有机会亲身体验就业氛围。学校积极探索适应工学结合特点的招聘会新模式,充分发挥招聘会对毕业生求职引导的作用,并结合学生大三阶段的特殊情况,实行招聘会分类专项进行,举办就业宣讲会,更灵活地让招聘应聘双方充分交流、洽谈;组织构建就业加油站、就业"职"通车、就业信息港"三位一体"就业服务体系,招生就业处于2014年初正式开通微信公众号——浙江金融职业学院就业信息港(微信号:zjyjyxxg),打造了一个集招聘信息发布、招聘会宣讲会通知、就业指导、职业生涯规划咨询、就业工作办事流程指南和线上一对一沟通等多功能为一体的全新服务平台。

表12 2009—2018届毕业生接受母校提供求职服务的比例(多选)

单位:%

毕业生届别 求职服务	2009届	2010届	2011届	2012届	2013届	2014届	2015届	2016届	2017届	2018届
大学组织的招聘会	64	60	57	66	71	74	72	72	72	70
辅导面试技巧	43	54	43	59	63	66	68	62	63	64
职业发展规划	43	50	42	55	58	62	64	60	59	59
辅导简历写作	35	46	39	57	62	67	65	63	61	59
辅导求职策略	29	35	21	38	42	49	47	42	45	42
发布招聘需求与薪资信息	20	25	27	23	27	30	30	24	28	25

毕业生届别 求职服务	2009届	2010届	2011届	2012届	2013届	2014届	2015届	2016届	2017届	2018届
直接介绍工作	—	9	16	10	7	8	9	6	9	9
没有接受任何服务	11	10	10	7	7	5	6	5	6	6

注:表格按2018届数值降序展示。

(二) 学校开展的求职服务有效性较高

从求职服务有效性来看,2010—2018届辅导面试技巧服务、辅导求职策略服务、辅导简历写作服务、直接介绍工作服务、发布招聘需求与薪资信息服务的有效性较高,均在80%及以上。

学校开展求职服务,目的是增强毕业生求职本领,为毕业生求职成功提供帮助,在学校千方百计为学生提供丰富多样的求职服务的同时,增强求职服务的有效性也是就业工作值得研究的一个课题。从表13可以看出,学校过去10年多数求职服务方式的有效性都显示较高,这与学校就业主管部门以及各院系专业领导、教师、辅导员的辛勤努力是分不开的。

从表13可以发现,"辅导面试技巧服务"、"辅导求职策略服务"、"辅导简历写作服务"这三项求职服务方式,毕业生有效性评价连续两年都在90%以上,这说明学校在这三项服务方面是下了很大功夫的。每年的就业季,学校就业主管部门都会召开专门会议,对做好毕业生求职服务工作进行安排部署,提出具体要求。学校每年都会邀请校外就业指导专家到校为毕业生进行就业指导服务,各院系也会根据自身专业特点邀请校外专家学者来校指导毕业生。学校还要求毕业班辅导员完成一定量的就业求职服务的指导任务,主要是辅导面试技巧、辅导求职策略、辅导简历写作等工作。毕业班辅导员都能重视自己肩负的就业职责,认真完成所带学生的求职指导服务工作任务,他们的工作受到了一届又一届毕业生的肯定和赞扬。

表13　2009—2018届毕业生对母校求职服务的有效性评价

单位:%

毕业生届别 求职服务	2010届	2011届	2012届	2013届	2014届	2015届	2016届	2017届	2018届
辅导面试技巧服务	90	93	89	88	89	90	89	92	93
辅导求职策略服务	85	92	88	88	86	93	86	91	91
辅导简历写作服务	90	91	91	89	92	90	89	91	90
直接介绍工作服务	83	93	90	89	87	92	89	93	89
发布招聘需求与薪资信息服务	92	83	82	86	87	86	87	85	86
大学组织的招聘会服务	77	84	80	79	80	85	79	80	84
职业发展规划服务	74	72	67	75	71	79	72	80	77

注:表格按2018届数值降序展示。本校2009届问题设置不同,数据没有对比。

　　另外,学校还发动教师、校友等力量为学生提供就业指导服务。有些教师利用专业课的间隙为毕业生进行求职指导、交流求职心得,有些教师还利用自己的社会关系直接为学生介绍工作。学校合力共建校友参与就业模式,提高学生的就业能力和从业水平,通过校友的需求采取订单式培养、校企联合培养等方式,从实践的角度出发,主动契合校友招聘的需要。学校调动多种力量参与就业工作,取得了实实在在的效果,提升了毕业生对学校就业服务的满意度。

06

近10年浙江金融职业学院
就业工作的经验措施

坚持实施大就业格局，保障就业工作顺利开展

浙江金融职业学院始终坚持"就业立校、服务强校、合作兴校"的办学方针，走以质量提升为核心的内涵式发展道路，把就业工作摆在学院工作的突出位置。学校领导班子高度重视毕业生就业工作，多次赴省内外各大金融机构及企事业单位考察调研，组织召开人才培养恳谈会，深入了解听取用人单位对学校人才培养工作的意见与建议，研究制定符合校企双方需求的人才培养方案，为金融机构及企事业单位培养高素质应用型复合人才。

一、确立"就业立校"办学方针，指引就业工作方向

浙江金融职业学院率先在高职院校中创造性地确立"就业立校，服务强校，合作兴校"的办学方针，并加以认真实践。多年来，坚持这一方针不动摇，在就业大格局里把就业立校作为方向、指针，在思想、行动、机制等方面切实把各方面力量向就业立校调动。

首先，学校上下统一了思想。现任书记周建松曾发表题为《坚持"就业

立校",办人民满意的教育》的文章。文章认为,浙江金融职业学院多年来就业工作取得成绩,就是坚持走以就业为导向,以服务为宗旨,走产学研相结合的道路;认真贯彻《教育部关于以就业为导向深化高职教育教学改革的若干意见》,创造性确立"就业立校、服务强校、合作兴校"的方针,并认真加以实践的结果,坚持就业立校是高等职业院校办出特色、办出水平、办成让人民满意的高职教育的基本途径。

其次,学校上下切实将行动调节到就业立校上。学校就主要就以下六个方面落实就业立校方针。第一,明确党政第一把手为就业工作第一责任人;第二,建立健全院系两级就业工作考核机制;第三,把着力点放在学生就业能力的培养上;第四,坚持实践主导型教学改革;第五,建设一支双师型教师队伍;第六,营造良好的职业能力培养氛围。

再次,创新机制,构建就业立校载体。学校坚持并不断发展订单式培养,推进教学与实践零距离,构建教师与学生零间隙,谋求毕业生与上岗零过渡的有效形式,并努力使之成为贯彻落实就业立校方针的闪光点。通过多年的努力,订单式人才培养、银领学院等机制载体已经成为浙江金融职业学院人才培养创新的一张靓丽"名片"。

二、统筹协调,院系互动,构建"大就业"工作格局

校领导高度重视就业工作,严格落实就业工作"一把手"工程,面向全校推进形成了"就业工作事关教师使命"的理念,注重就业工作队伍的建设和"扩编",积极吸引专业教师队伍、思想政治工作队伍关心、参与就业工作。当前,已经形成了专业教师队伍、思想政治工作队伍和专职就业工作队伍相互补充和相互支持,就业工作、思想教育、人才培养相互反馈和相互推动的"大就业"工作格局,有效提高了人才培养质量和就业质量。就业工作摆在

学校的中心位置,有关就业方面的问题强调第一时间讨论和解决,学校牵头协调动员各方面的力量,保障就业工作的顺利开展。各系(部)普遍注重对就业工作的领导,不断推动毕业生就业工作的深入开展。与此同时,学校充分发挥全国示范性高职院校的品牌力和社会美誉度优势,努力拓展以行业和地域为主导的就业市场,为毕业生实现高层次和高质量就业奠定了基础。

为了切实加强对毕业生就业工作的组织领导,浙江金融职业学院成立毕业生就业工作领导小组,由院长担任组长,落实"一把手"抓就业责任制,统筹协调校内各部门、各系(部)参与和配合就业工作。各系(部)同时成立了二级就业领导小组,积极构建院、系两级管理的工作体制。学院党委会议、院长办公会议定期听取就业工作汇报,研究就业问题,制定工作措施,落实工作责任,探索新方法,解决工作中存在的问题,保证大学生就业工作规范有序地开展。每年召开毕业生就业工作会议,分析就业工作形势,部署就业工作。

学校上下普遍重视对就业工作的领导,不断推动毕业生就业工作的深入开展,上至校领导,下至普通老师,重视就业成为一种共识,树立起了"人才培养是全体教师的神圣使命,就业工作是人才培养工作的重要环节,做好就业工作,责任重大,使命光荣"的责任意识,构建形成了"全员参与就业、人人关心就业工作"的"大就业"工作格局。

三、完善管理,提升水平,加强就业工作队伍建设

浙江金融职业学院建立了"学院—系部—班级"的就业工作管理体系,将学院"一把手"抓就业的负责制延伸至二级系(部),即系(部)领导就业工作负责制。在不断的就业工作探索实践中,建立了院系"两级一把手工程",在具体工作中,设立除了毕业班辅导员之外的就业工作专员,形成了一支专

门的工作队伍,确保各项就业工作保质保量、及时落实。学院还设立学生就业创业指导与服务中心,组织大学生就业与职业发展协会开展相关就业服务活动,形成了具有"各层级权责明确、通力协作、相互配合、务实高效"的符合学校实际、具备学校特色的就业工作体系,确保了就业工作目标的圆满完成。

学校建立了一支专业化的就业指导教师队伍。就业工作是民生工作、良心工作、希望工作,其职责决定了服务性质。工作队伍的认识、水平和能力决定了学校就业工作质量。随着社会分工精细化程度的提高,对就业人员的要求向职业化、专业化、多样化方向发展。强调就业工作队伍职业化发展,建立准入制度,设立心理学、教育学学习的基本经历,通过遴选、培训和考核,建立就业指导师、创业指导师的工作队伍;强调就业工作队伍的专业化建设,根据工作的经历,实际业绩,建设高级、中级和初级就业指导队伍;强调就业工作队伍多样化组成,按照服务职能的划分,分别组成管理队伍、指导专家、咨询辅助、信息服务等不同类型的队伍。队伍建设中要充分考虑组成人员背景,调动专业教师、学工人员、企事业人士、社会贤达等人员参与。建立和完善校外专兼职就业创业导师的聘任制度。

学校非常注重就业工作队伍的建设,学生就业指导与服务中心配备专职工作人员,同时积极吸引专业教师队伍、思想政治工作队伍关心、参与就业工作,各系部建立起专兼职结合的就业工作队伍,面向全校招聘职业生涯规划和就业指导课主讲教师。目前已经形成了专业教师队伍、思想政治工作队伍和专职就业工作队伍相互补充和相互支持,就业工作、思想教育、人才培养相互反馈和相互推动的工作格局,有效地提高了人才培养质量和就业质量。学校还鼓励教师参加国家级或省级就业创业指导培训并获取相关资格证书;鼓励校级就业专职人员结合具体工作实际,开展相关就业工作理论研究,公开发表论文和专著,承担省部级以上就业课题。

四、加大投入，改善条件，健全工作制度强化激励考核

浙江金融职业学院先后出台了《关于进一步加强毕业生就业工作的实施意见》《关于引导和鼓励浙江省外毕业生面向生源地就业的实施意见》等文件，制定年度工作计划，明确学校毕业生就业工作目标、努力方向和日程安排。学校就业指导与服务中心还建立健全各项规章制度，做到毕业生档案、就业协议书、推荐材料、各类文件管理规范化，实施目标责任考核制，将就业工作成效作为重要指标纳入学院工作年度考核，考核结果与学院经费划拨、招生规模、专业设置、科研立项等挂钩。

学校每年度就业工作经费总投入不断提高，占在校生所交年度学费的比例不断提升；坚持每年发放求职补贴专项资金，建成并投入使用校级就业工作专用场地731平方米，专门设置就业指导与职业咨询室、毕业生就业信息事务查询大厅及专用小型招聘会馆，办公设备配备齐全、设施先进。

· 第二节 ·

坚持"六业贯通"的人才培养理念,培养人才质量上台阶

一、"六业贯通"人才培养理念的基本思路

无论采用什么样的人才培养理念和方法,高等职业教育都必须围绕"培养什么样的人,怎样培养人"的目标来进行,必须遵循学生发展规律,以最大限度地适应人的身心发展和健康成长为目标,以最大可能地满足行业企业单位的用人需要为指向,并体现终身教育理念。正是基于这样的考虑,笔者以为,将校企合作、工学结合、顶岗实习这种理念和做法融入人才培养的过程之中,是正确的,也是必要的,但它们只不过是手段、方法、形式和载体而已。其最终的要求是:学生经过高职三年的学习,顺利实现从普通中学生向职业人的转换,毕业生初次上岗率高,适应性比较强,并在岗位上能够有较强的迁移能力,实现人生的可持续发展。鉴于此,浙江金融职业学院在国家示范性高职院校建设过程中,经过不断探索,形成了"六业贯通"的人才培养理念。

（一） 办好专业

专业设置要紧密围绕区域经济社会发展和行业发展需要，从行业企业需求出发，正确布点，科学布局，努力办好具有浙江特点、高职特征、学院特色的专业，要求每一个专业的毕业生实现对口就业、优质就业、顺利就业，初次就业有冲击力、岗位迁移有适应力、人生发展有持续力。为此，必须经常开展人才需求调研，研究人才市场发展变化，不断调整和优化教学内容和教学目标。我校在专业目录外经教育部批准开设的农村合作金融专业，紧密结合浙江省农村金融发展需要培养人才，针对性、适需性较强，不仅就业率高、就业质量好，还拓展了继续教育和岗位培养工作。又如，我校金融管理与实务专业过去偏重培养一线柜员，注重业务操作和技能水平；经过多次调研后发现就业岗位中的产品意识、营销能力十分重要，即调整为"三熟二有一会"（熟练操作、熟知产品、熟悉营销，有科技人文、职业素养，会宏观分析），深受用人单位欢迎。

（二） 强化职业

高等职业教育的重要特点是高等学历教育与职业岗位培训的有机结合。因此，学校在专业建设过程中，除了坚持开放办学、紧贴行业企业一线，重视对职业岗位的分析和研究以外，还十分注重推广和拓展与行业企业合作的订单式人才培养，并与行业企业联合组建专兼结合型教学团队，在教学中引入行业企业从业必需的岗位资格证书考试培训，从而使专业教学实现了学历教育和职业培训的有机结合。与此同时，根据用人单位的需求和"80后""90后"学生的特点，特别强调要把职业能力与职业素质教育结合起来，既培养学生的人际沟通能力、业务操作能力和业务动手能力，更注意培养学生具有崇高的职业理想、良好的职业道德、严明的职业纪律，真正做到德才兼备,素质能力皆优。为此,我院专门建立了职业素质拓展训练基地,设立了旨在培养学生综合素质的明理学院,围绕"明法理、明德理、明情理、明学理、明事理"等内涵深入展开工作。

(三) 注重学业

当今的世界是丰富而多彩的,但学生以学为主,这是办学的基本规矩和要求。这一基本规矩和要求在现实生活中也面临着许多矛盾和挑战,尤其是在职业教育强调能力为重的背景下,处理不好就会受到冲击和挑战,因此,既要求学生面向实践,跳出书本,培养适应社会、适应市场、适应岗位的实际能力,以避免理论脱离实际、教学脱离实践、育人脱离需求的不良倾向,又要防止以一种倾向压倒另一种倾向,混淆职业培训和学校教育的区别,淡化学校教育上的特质要求,过多削弱知识的传授和必要的理论分析,过分降低对学生课堂教学和学业的考核。高等职业教育作为高等教育的重要形式,还是要强调学生以学为主,还是要谋求知识、能力和素质的统一。在坚持一些理论课程教学的同时,对学生的考核和要求也应该回归到以学为主。

(四) 重视就业

就业乃民生之本,高等职业教育以就业为导向、以服务为宗旨。正因为这样,就业率、就业质量一直是高职教育中比较重要的评价指标。如何以就业为导向实施教学,如何适应就业市场的变化来调整和更新教学内容,更新和优化教学方法,这是高职教育必须深入思考的。为此,浙江金融职业学院注意从以下几个方面来重视就业工作:一是提高人才培养质量,提高人才培养工作的市场适应力以促进就业工作的开展;二是积极营造学校办学的合作氛围,谋求与更多的行业企业合作就业;三是号召学校干部教师充分利用各自所掌握的资源帮助指导学生做好就业工作;四是学校内部强化对就业工作的领导,真正做到"一把手抓就业,考核奖惩促就业,齐抓共管强就业";五是千方百计动员校友力量,综合利用家长和社会等力量推进就业工作的有效开展;六是采用培养、跟单培训等多种方法,提高教学针对性,提高学生就业水平,全面促进毕业生就业工作水平的提高。

(五) 鼓励创业

创业教育与创业实践是高等职业教育的一大特色。中等职业教育虽属职业教育,应该以就业和创业为导向兼顾少量升学,但由于中职毕业生年龄小、社会阅历浅,而创业实践涉及法律、市场、工商、社会等综合知识和能力,因而,对于中职毕业生来说,还是一件难事;传统普通本科学校虽在理论教学、知识传授方面更高一筹,但由于受教学模式、观念、方法等因素的影响,尤其是考研指挥棒的导向,往往对创业教育比较容易忽略,因而,创业工作开展得也不是很好;高等职业教育既是高等教育又是职业教育,无论是年龄层次、学历层次、培养模式都比较符合创业教学与创业实践的要求。因此,采取鼓励创业的导向是必要的。这样做,既有利于引导更多的学生投入到创业实践中去,又有利于长期推进"校企合作共生体"的建设,从而促进学院的可持续发展。至于创业教育本身,我们要鼓励学生从小处着手,提篮小卖、门面销售、电子商户都属于其范畴。当然,能够建厂创公司的更应鼓励发扬,把鼓励创业作为人才培养工作的理念,这在电子商务、市场营销、国际贸易、经纪中介等专业中尤其有意义。

(六) 成就事业

一般而言,高等职业教育是个人从学生时代迈向职业社会的最后一站。因此,高等职业教育不仅要瞄准就业、重视就业,还有必要着眼事业、规划人生。作为学校,更有责任和义务重视学生职业生涯规划指导,在推进学生充分就业、对口就业、优质就业的同时,为学生将来可持续发展打下扎实基础。同时,学校必须切实重视和加强校友会工作,注意校友桥梁的架通、校友文化的传承、校友平台的搭建,坚持做到"重视成就校友、关心弱势校友、巩固老校友、开发新校友",形成校友与学校事业的互动机制,真正把校友会建成"成就校友的名园、成长校友的桃园、全体校友的家园"。与此同时,学校也必须十分重视品牌建设,不断提升学校的社会声誉和影响力,从而支持和促进校友成就事业。

二、"六业贯通"人才培养理念的实践成效

(一) 比较充分地贯彻了"以人为本"理念

科学发展观是中共第四代领导核心提出的执政理念,科学发展观的核心是以人为本。在以人为本理念指导下,学校如何做到育人为本、德育为先、能力为重、素质为要?"六业贯通"是高职院校对此最好的实践和最佳的诠释,因为它在出发点和立足点上都以学生的成才成长、优质就业、岗位发展为基本点,以学生知识、能力、素质的全面协调为抓手,强调"以生为本",学生在校三年,学校不仅要做好千日工作,更要关注其未来和长远发展。

(二) 比较全面地把职业教育的"产业、行业、企业、职业、实践"五要素融入教学之中

要真正做到"六业贯通",必须把学校和专业建设立足在根植产业、依托行业、融入企业、强化职业的关系链之中,并将实践能力的培养贯穿始终。这正是职业教育的本质和特色所在,也是职业教育区别于普通教育的吸引力和生命力所在。"六业贯通"时时刻刻、事事处处以专业建设为基点,把产

业、行业、企业、职业连在一起、融为一体,最具实践性和创造性。

(三) 毕业学生广受社会欢迎

金融行业是全社会平均薪酬最高的行业,人才供应一直处于供大于求状态。这几年尤其如此,研究生临柜被拒也不足为奇。因此,高等职业学校的毕业生要在金融系统找到一个好工作,并在岗位上有很好的发展,实属不易。浙江金融职业学院毕业生因"知识、能力、素质和谐统一,动手能力强、岗位适应快、实践水平高"的好口碑而受到用人单位欢迎,不仅学生就业率高,而且起薪高,表现出了很好的发展潜力和上升势头。

(四) 毕业生广泛认同和推荐母校

"六业贯通"的人才培养理念不仅充分体现了"以生为本"的办学理念,而且把学校一贯倡导的"关爱学生进步、关注学生困难、关心学生就业"的工作体系进一步加以完善,使"就业立校、服务强校、合作兴校"的发展方针进一步具体化,把"专业特色化、课程精品化、实训真实化"进一步落到实处,把对学生"品德优化、专业深化、能力强化、形象美化"的要求落到实处,不仅提高了学生的素质和水平,而且也增强了学生对母校的认同感。

第三节

坚持实行订单式人才培养，
促进毕业生优质就业

　　浙江金融职业学院在高素质、高技能应用型金融人才培养方面紧贴行业，与金融企业深度融合，采取订单式人才培养，寻求到了我国高等职业教育学历教育与岗前培训最佳契合点，探索出一条高素质高技能应用型金融人才培养的新途径。

　　浙江金融职业学院大规模地实行订单式人才培养始于2004年。2004年浙江金融职业学院先后与中国建设银行浙江省分行、中国建设银行宁波市分行、中国工商银行浙江省分行、浙商银行股份有限公司、中国人民保险公司浙江省分公司签订了订单式人才培养协议。2005年各个用人单位在享受到订单式人才培养所带来的各个方面的益处之后，又纷纷和学院签订了下一批的订单式培养协议。同时在学生人数既定的情况下，还出现了竞相提前来校签订协议、争抢毕业生的局面。到2007年，已有12家金融企业和学院签订了订单，订单班级数量已经达到28个，订单班的比重占毕业生的比例已经超过50%，订单式人才培养已经成为浙江金融职业学院工学结合人才培养模式改革的主要载体。

学院面向商业银行等金融机构开展大规模、全程化的订单式人才培养。自2008年3月成立独立设置的二级学院"银领学院"至今,先后与100多家银行、证券期货公司等金融机构开展订单式人才培养,每年保持1000人左右学生规模,实现校、企、生"三赢",成就了学生提前就业、顺利就业和优质就业。

一、深化以订单班为载体的人才培养模式,提升学生就业竞争力

银领学院创新了高职院校开展规模化订单人才培养的办学模式,搭建了一个工学结合的育人载体,创设了校企合作、深度融合的人才培养平台,产生了用人单位竞相进校选拔人才制度化的"赶集"效应,形成了订单人才选拔、管理、教学、实习、就业的系列化培养机制,扎实推进了优质金融"银领人才"培养,深化了学校和金融企业共同参与的育人平台建设,深度融合了行业企业开展产学合作。为了使订单培养的学生在就业竞争中脱颖而出,培养方案的制定中强化了职业礼仪、职业技能、银行业务和职业素质的课程,重点培养学生技能、礼仪、实践动手能力和职业素质素养四大职业化竞争优势,成为订单单位欢迎的人才,并实现职业的可持续发展。

二、科学制定人才培养方案共建教学课程,实现毕业与上岗零过渡

浙江金融职业学院所有专业人才培养方案都是与企业共同制定的。特别是银领学院订单式人才培养方案,是校企合作成功开展的典范,各订单单位的金融机构结合自身的需求与我校共同制定人才培养方案。在人才培养方案中,学校完成毕业上岗公共基础部分课程的教学,如会计基础、银行会计实务、银行综合柜台业务、金融法规与案例、商业银行服务营销、商业银行

服务礼仪、商业银行临柜业务技能等。订单单位完成岗前培训课程的教学，如银行企业文化、银行规章制度、银行个人业务等。学生在完成订单培养后，就可以实现直接上岗。

对有意愿进入金融系统工作的在校学生而言，银领学院是目标、是就业梦想；对高职教育而言，银领学院是产学合作、订单培养的典范；对用人单位而言，银领学院是优秀员工的摇篮；对社会而言，银领学院是优质就业的象征。从2008年至今，先后有200余所国内高职院校专程来我校学习银领人才培养模式。以就业为导向、以订单为载体的金融"银领"人才培养机制建设，获第六届浙江省高等教育教学成果奖一等奖、第六届高等教育国家级教学成果奖二等奖。

三、以合作企业为依托，充分利用校内外资源，形成人才培养特色

除银领学院以外，其他系部也通过与企业合作，积极拓宽学生就业路径。通过邀请合作企业专家参与人才培养的全过程等方法，探索"职业导向、能力本位、双证融通、工学结合"的育人特色，强调以职业岗位能力培养为重点，优化专业人才的知识、能力与素质结构；通过学校和行业企业深度合作培养出了一批批业务素质高、上手快、动手能力强的一线技术人员，如投资与保险系连续举办信达期货订单班、浙商期货订单班和永坤投资订单班；房地产经营与估价专业进一步深化"在价值创造中学习"工学结合人才培养模式，先后与杭州易居臣信房产公司、杭州汉嘉房产公司、同策房产公司三家企业开展订单式人才培养，为企业培养学生近200名，既保障了学生就业，又为企业培养一批优秀员工。同时，学校通过浙江金融职业学院校友总会积极调动校友力量帮助母校进行教学和实践"零距离"的探索，举办"校友话就业""校友助就业"等校友返校育人活动，校友在学生实习和就业方面

发挥了十分重要的作用。截至目前,学校利用校友资源建立了近300个校外实习基地,使现有学生的毕业实习都能在对口单位进行。通过校友的共同努力和社会各界的支持,富有学校特色的订单式人才培养方式持续拓展。

·第四节·

开发校友资源，促进校企合作谋新篇

校友是浙江金融职业学院重要的资源，也是浙江金融职业学院应用型金融人才培养的实现桥梁。在学校人才培养过程中，绝大多数校友既是学校的行业兼职教师，负责专业课和实训课程的教学工作，又是在校学生的德育教师，其言传身教，使我校诚信、明理、笃行的理念更加具体、鲜活，在学风教育中起到了榜样的作用。

自2009年浙江金融职业学院校友总会成立以来，通过良好的社团运作和金院人固有的情结，"校友"在浙江金融职业学院已不再是单个的历史名词，而成为一种文化，成为学院和谐办学生态的有机组成部分。学校在2006年开始探索"行业、校友、学院"共生态的办学模式，制定出了一系列切实有效的政策和措施，确保了学院校友工作的可持续发展。

一、建立健全网络化校友服务体系，拓宽就业工作渠道

高职院校要在学校层面建立完善的校友服务体系，形成网络化的组织

结构,为加强校友联系、开发校友资源打好基础。浙江金融职业学院已建立由学院党委书记、院长为组长,其他党政班子成员为副组长,相关职能部门负责人为成员的校友工作领导小组,统筹协调学院各项校友工作。在此基础上,浙江金融职业学院成立校友总会,分地区设立区域性校友会和校友秘书处。目前,浙江金融职业学院已在校内构建了"学校—学院—班级""校友总会—校友会"的网络化校友服务工作体系。同时,浙江金融职业学院坚持"校友工作必须从在校生抓起"的理念,成立学生校友工作协会,加强在校生校友意识的培养。定期组织召开工作会议、开展文体活动、举行业务研讨等,加强校友领导小组各成员、各区域校友会及秘书处、学生校友工作协会各人员之间的联系,信息互通、资源共享、合作共赢,共同推进服务校友的各项工作的发展。

二、开发建设校友数据平台,提供就业适配信息

通过运用大数据、"互联网＋"等新技术手段,开发建设集校友数据资源、学生就业信息等功能的智慧平台。通过智慧校友平台,浙江金融职业学院校友可以查询曾经所在班级、同学、老师等信息,浏览曾经在校的学生证、图书卡、成绩单等资料,点击可观看学校举办的各类活动的照片、视频等影像资料。同时学校将学生就业方面的数据和功能嵌入智慧平台。总之,通过智慧平台能将原先需要人工进行的沟通联系、信息发送、资料汇总等工作转变为各类数据,让数据在平台上跑起来。借助微信等移动载体,拉近校友和学生之间的空间距离,提高就业工作的时效和成效。

三、 合力共建校友参与就业模式，实现合作共赢全面发展

高职院校建立服务校友终身化的工作模式，培养校友对母校的深厚情感，服务好校友，能通过产学研、校企合作等渠道，将校友的社会阅历、行业影响等就业资源和学校的就业需求无缝对接。浙江金融职业学院把服务校友终身化培育成一种校友文化，融入学校的校园文化之中。学校不仅平时经常性地联系校友、问候校友，而且多方位、多元化服务校友，如向校友开放图书馆、食堂、体育馆等公共场所，主动对接校友的各类需求。通过终身化、精准性的服务，取得校友对学校的信任和支持，将校友和学校融为一体，激发校友自愿为学校就业做贡献的动力。浙江金融职业学院注重提高学生的就业能力和从业水平，通过校友的需求采取订单式培养、校企联合培养等方式，从实践的角度出发，主动契合校友招聘的需要。同时，摒弃传统的、单一利己的校友工作模式。浙江金融职业学院发挥学校师资力量，无偿帮助校友解决一些技术层面的难题，为校友做好知识重构、能力再提高等专业性服务，为校友职业发展提供全程助力和支持，让校友在为学校提供就业服务的同时，也得到自身发展的满足，营造互帮互助、共赢共荣的校友文化氛围。

第五节

打造校企合作示范品牌，
建银领学院具制度化意义

在进一步深化高职教育建设改革的整个过程当中，学校积极探索"行业·校友·集团"相互合作的开放式办学模式，逐步完善人才培育方式，高度重视将理论与实践充分结合，以培育出更多优质人才。与此同时，在"以培养订单为始点，以开放办学为特征，以校企合作为平台，以双师团队为依托，以工学结合为载体，以优质银领为目标"的就业方针下，建立了全国业内外享有良好声誉的银领学院。银领学院是校企合作的示范，在校企合作上形成了"赶集"效应，具有制度化意义，有着广泛的推广价值。

一、理念引领

（一）以订单培养为始点

银领学院是从全校的二年级学生中，在用人单位和学生双向选择的基础上，以金融企业命名独立组班，在三年级由银领学院统一培养。银领学院的学生全部是和商业银行等金融机构合作培养的订单班学生。订单式人才培养是银领学院工作的始点。

（二） 以开放办学为特征

银领学院在办学上紧密依托金融行业,充分发挥校友优势,整合金融职教集团资源,提升学生职业能力,提高学校教育教学质量水平。开放式办学是银领学院的根本特征。

（三） 以校企合作为平台

订单式人才培养工作是由用人单位和学院共同完成的,学生毕业以后就成为相应商业银行的员工。为了培养出大量优秀的准员工,金融企业都表现出前所未有的积极性,选派最优秀的管理人员和业务骨干进行授课,对订单班级的学生进行企业价值理念和业务教育的培训,用人单位和学校在人才培养方面结成了利益共同体,校企合作成为银领学院人才培养的良好平台。

（四） 以工学结合为载体

在工作中学习、在学习中工作,已经成为银领学院教学组织形式的一种常态。银领学院学生的学习地点在学院和银行业务网点之间交替进行,在学院学习一段时间以后,到订单单位的营业网点进行具体的实训和实践活动。

（五） 以双师团队为依托

银领学院在教师队伍组成上,以银行领导和业务骨干为核心,专业课程讲授均由银行业务骨干完成,学院教师只负责公共基础课程教学和教学组织等工作任务。一支高素质的"双师结构"教学队伍,使银领学院培养出来的学生业务素质高、上手快、动手能力强。

（六）以优质银领为目标

银领学院和商业银行等金融机构合作,共同培养面向银行业务一线的高素质高技能应用型金融人才。将高素质高技能应用型金融人才作为学院人才培养的根本目标。

二、工作模式

（一）学生培养过程

新生入学后的第一至第四学期,学生由各个系(部)按照入学时的录取专业进行培养,以学校专业教育为主,学习各个专业的基本知识、培养基本职业能力和通用技能。第四学期,学校邀请各家金融机构同时进入学校,召开订单人才培养信息发布会。金融机构介绍自己的企业文化和人才需求标准,学生根据用人单位的需求标准进行报名,一个学生只能填报两个单位。金融机构可以通过笔试、面试等形式和学生进行双向选择。金融机构确定录取学生以后,和学校、学生签订订单培养三方协议。学校对金融机构选出来的学生重新进行单独组班,组班后归口银领学院管理。银领学院根据用人单位的要求,与用人单位共同制定第五学期的人才培养方案。第五学期,根据金融机构和学校共同制定的人才培养方案进行教学。金融机构可以选派业务能手和业务骨干负责订单班学生专业课程的教学,学校教师负责学生学习组织和课后辅导等工作。学生在银领学院和单位网点之间交替进行学习,教学空间延伸到金融机构,学生零距离地学习和了解企业文化,掌握企业岗位业务技能,提高岗位工作能力。第六学期,进行顶岗实习。各家金融机构将自己培养出来的订单班学生送到各分支机构,进行顶岗实习,从事具体的工作和开展业务。每一个订单班级的学生都有一位师傅进行业务指导。一般情况下,学生和师傅共用一个工号进行工作,学生在师傅指导一段时间以后,实现了身份的转换,可以拥有独立的工号,由一名学生转化成为一名企业员工。

(二) 银领学院订单人才培养特色

银领学院以"职业化教育,员工化管理"为理念,结合行业对人才培养的要求,构建"一个中心,两项抓手,八大载体,培养四大优势"的订单人才培养体系,全面实施职业化素质提升工程。一个中心即"以提升学生职业化素质为中心",银领学院与订单单位通过举办开班仪式、设置企业文化讲座、与在职员工进行交流、开展职业生涯规划设计、举办文艺会演等形式共同开展职业化素质教育,有效提升学生职业素养,并以学生职业化素质量化考核和班级测评工作为抓手,开展征文活动、演讲比赛、文艺比赛、职业礼仪大赛、职业技能比赛、经济形势分析大赛、行业座谈会、银领学子成长感悟交流会等八大类活动,重点培养学生职业技能、职业形象、职业能力和职业素质四大职业竞争优势。

三、措施保障

(一) 组织机构

银领学院由浙江金融职业学院和浙江省内金融机构共同组建,实行院务委员会领导下的院长负责制。院务委员会成员由学校领导、各金融机构人力资源部负责人和学校相关系部负责人组成。银领学院院长聘请商业银行领导担任,执行院长由浙江金融职业学院领导担任,副院长由商业银行领导和学校中层干部共同担任。银领学院下设办公室、职业技能教研室、职业礼仪教研室、职业素质教研室和银行业务教研室。

(二) 规章制度

为了保障订单人才培养的顺利开展、保证人才培养质量,学校、银领学院形成了选拔、管理、教学、实习、就业的运行机制,制定了《银领学院订单人才培养录取管理办法》《银领学院学生管理规定》《银领学院订单班学生退班管理办法》《银领学院学生职业化素质量化管理实施细则》等系列文件。在订单班组建完成之后,银领学院会向每一位学生发放《银领手册》,手册收录了《银领学院学生管理制度》《各银行订单班技能行业标准及月度考核标准》《学生礼仪规范》和《学生职业化素质提升自查》等规章制度。

(三) 运行机制

每年4月12日前后,学校面向社会发布订单信息,邀请各金融机构确定订单需求,学校在4月底完成订单信息汇总后向全校大二学生发布,学生利用五一放假时间与家人充分商量,假期后填表订单志愿,5月16日前后学校组织订单单位统一到校进行双向选择,5月下旬确定订单学生名单、签订订单培养协议。7月上旬,进入订单班的学生由银领学院组织开展专题教育、组织暑期社会实习实践活动。9月份,大三第一学期开始,订单班学生进入银领学院学习,按照学校和订单单位共同制定的人才培养方案实施订单培养;大三第二学期,订单班学生进入订单单位开展顶岗实习。

· 第六节 ·

探索与实施新理念，
构建全景式就业教育与服务体系

　　浙江金融职业学院通过就业工作的实践创新,探索实施了"一接、二全、三动、四化、五制"新理念,围绕创设就业教育文化环境、提升就业服务精准水平、丰富就业指导教育载体、深化就业质量跟踪调查、完善就业保障制度建设等五大内容,构建了一个具体鲜明的高职教育特色的就业教育及服务体系。

一、"一接":就业教育与服务的指导思想

　　高职学生顺利就业、成功就业,主要是对毕业生同社会需求的契合度及其整体的适应性做出认真分析。在就业教育与服务体系构建过程中,从提升人才培养质量、优化人才培养结构等方面做好教育与职业的最后一道衔接工作,即所谓"一接"工作,促使毕业生由学生向职业人的顺利转变,真正实现毕业与上岗零过渡。在人才培养结构中,根据学校人才培养特色,明确以培养"银领"阶层的应用型一线人才为办学目标,对市场变化、市场需求保

持敏锐的嗅觉,明确导向并做出积极改变,确保人才培养结构的科学性,对学生就业要求进行全方位调整,做好课程建设,在专业设计等方面投入更多精力,深度融合企业对人才的培养要求,全面实现企业用工和人才培养的无缝对接。

如学校开展的订单式人才培养就是基于校企双方互联、互动、互享的对接平台,企业参与学校人才培养方案的制定,学生毕业之前完成岗前培训课程,毕业后直接上岗。为全面实现学生就业的有效对接,学校根据企业用人需求设计就业"菜单"和"套餐",满足学生多元的就业诉求,并专门成立笃行创业学院为有创业愿望和创业能力的同学提供创业培训服务。

二、"二全":就业教育与服务的责任机制

所谓"二全",即学生就业教育与服务的全员参与和全程参与。主要将就业服务教育的目标作为关键内容,认为其应始终将培养高技能与应用型人才作为上述目标的根本之所在,学校的就业教育团队除了涉及各类专业工作人才,还要将院系领导、专业主任等各级管理者融入其中。一方面加强领导管理,另一方面对专业指导提起关注,不仅在校方层面有所行动,更需要不同院系的积极协作。另外,除了辅导员投入更多精力之外,还必须由各类专业导师来进行参与并给予就业帮助,有效促进学生就业。同时,从学生进入学校到最后离开学校迈入社会走上工作岗位这一过程中,就业服务也应当成为学校较为关注的重要内容。在此阶段应将包括职业综合素养、生涯规划、职场能力等学生就业能力重要影响因素融合进去,促使学生在三年高职教育过程中不断培养自身的未来职业发展能力。

三、"三动":就业教育与服务的多元联动机制

如何调动力量、整合资源、突破瓶颈,为高职学生营造更好的就业环境,争取更大的就业市场,是高职院校就业工作的当务之急。为了从根本上解决这一问题,学校以自身创建的"行业、校友、集团共生态"的办学发展模式为依托,探索实践就业联动新机制,在学校、企业及学生间打造具有密切联系的全新"三动"模式。"行业、校友、集团共生态"是基于长期的行业内办学基础、强大的校友力量以及办学面向拓展需要,通过以资源凝聚、整合、共享为线索,构建形成的高职院校办学发展新模式。多年来的实践证明,在共生态办学愿景下确立的"三动"模式,不但有效促进了学生顺利就业,而且实现了优质就业。

四、"四化":就业教育与服务的平台建设

高职就业教育服务系统必须将学生视为核心和根本,以此来彰显其科学性。唯有如此,系统在服务、管理等方面的综合性才能够得到充分体现。[3]当前,新形势下的高职教育面临诸多新的情况,这对构建完善的高职院校就业教育与服务体系提出了新的要求,就是要在不断加强就业服务体系建设过程中努力构建一个更完善、更符合学生就业工作需求的"四化"标准体系,即就业教育与服务过程"专门化"、指导"专业化"、师资"职业化"、平台"信息化"。"四化"建设水平是高职院校建立完善就业教育与就业服务体系的根本要求,也是检验就业指导工作开展效果的关键。

在领导体制上,成立了由校领导、招生就业处及院系负责人、就业办公室专职人员、辅导员、班主任、各专业主任等组成的院系两级就业专项工作

领导小组和就业工作团队,采用"一站式"服务模式,实现就业教育与就业服务的专门化。专门设立产学研办公室、合作发展处、校友联络办等机构与行业企业对接,有效提升就业工作服务专门化水平。与此同时,通过专项考核和严格培训,定期选派专职人员进行职业指导等各类培训学习,鼓励持证上岗,获取行业资格证书的就业者的占比也超过半数,推动辅导员队伍朝着职业及专业化方向不断发展,营造了良好的就业工作氛围,大大提升了就业指导队伍的工作能力和业务素养,提高了职业化、专业化水平。为加强就业信息化建设工作,基于互联网搭建了就业信息门户网站、"就业信息港"微信公众号、"就业职通车"QQ在线咨询、"就业加油站"微博互动空间,打造了订单培养网络双选平台、校企人力资源供需信息共享库,充分实现了就业信息全覆盖。

五、"五制":就业教育与服务的制度体系

完善的制度能保障工作的有效开展,做好就业工作也同样需要各项制度的保障。高职教育以就业为导向,能让学生顺利就业、优质就业是其办学追求之一,而构建完善的就业教育与就业服务体系是高职院校彰显"就业立校、服务强校"理念的必然要求。构建就业教育与就业服务体系是一项系统的复杂工程,需要通过落实"五制",即就业工作"一把手"责任制、就业评价考核机制、就业经费保障机制、就业质量跟踪机制、创业带动就业机制,只有确保各项制度的有效落实,才能形成完善的就业工作体系。

为切实加强对毕业生就业工作的组织领导,学校成立就业工作领导小组,由院长为组长,落实"一把手"抓就业责任制,统筹协调校内各部门、各系(部)参与和配合就业工作。各系(部)也要打造相应的就业指导团队,使院、系两级管理制度真正得到全面执行。同时,实施就业工作目标管理和责任

考核办法,出台《关于进一步做好毕业生就业工作的实施意见》,强化绩效评估手段,将就业工作成效作为重要指标纳入学院工作年度考核,考核结果与经费划拨、招生规模、专业设置、科研立项等挂钩。同时,将就业工作经费纳入学校的财政预算中并逐年增加,安排专项资金落实就业服务体系建设。为确保就业工作跟踪到位,学校对毕业生开展就业质量调查,形成毕业生调查数据采集与信息数据分析反馈机制,定期发布毕业生就业质量年报,接受社会监督。为鼓励大学生创业,实施以创业带动就业战略,学校还发布了《关于鼓励和支持大学生自主创业的实施意见》,成立学生创业工作领导小组,对全校学生创业工作进行领导和决策,加强大学生创新创业能力培养工作。

通过"12345"就业教育与服务体系,学院设计构建了包括课程知识学习、人文素质养成、职业能力塑造、顶岗实习实训等全程式教育体系,促使学生在三年的高职教育过程中,完成学生向职业人的成功转变。全校以"银领"为出路的毕业生就业率连年达到97%以上,形成了良好的社会口碑。

推进并完善就业信息化工作，
不断提高就业服务水平

　　毕业生就业信息化建设能在毕业生和招聘单位之间架起一座桥梁，使双方各取所需，实现资源的优化配置。招聘单位可以及时发布招聘信息，毕业生能在第一时间看到所需信息，能及时地与招聘单位进行沟通，确保择业就业的高效性。另外，毕业生毕业之后，也可以通过信息化平台记录学生就业后续工作动态，学校可对出现问题的毕业生提供有效的信息支持及建议，并及时完善校友状态，对毕业生本人以及后续毕业生择业就业都能起到很好的促进作用。

一、不断完善并优化就业信息化基础设施

　　浙江金融职业学院招生就业处经过两年的信息化专门工作，已经基本完成招聘信息管理、毕业生档案管理、就业状态管理监测、就业推荐表管理等一系列就业信息管理相关功能的网络化服务，就业金小融App及Web应用系统已经稳定运行。自2016年起至今，招生就业处已经着手完成三期信

息化开发工作,定制整合了就业管理系统、打印终端系统、数据可视化大屏幕,实现了与就业管理系统及数字化校园数据的共享,集合了自助打印、防伪识别、远程管理、数据分析等功能。与此同时,学校就业指导教研中心依托招生就业处前期信息化工作平台建设学生就业与职业发展教育平台。

2018年招生就业处开发并投入使用的由校企交互平台模块微信端开发的毕业生网上招聘互联系统服务平台、学生职业发展教育服务平台、就业推荐表打印一体机系统、就业实时动态数据与学生就业状态管理查询统计系统等五大系统,形成了智慧就业生态体系,有效地促进了学校就业管理服务水平的提升。招生就业处致力完成的信息化、数字化、现代化的总和管理系统,不仅体现了学校的管理理念和服务理念,更为学生提供了优质、高效、便捷的人性化服务,为学校开展大数据背景下就业工作研究提供了平台。

二、完善校友信息资源,助力毕业生择业就业

校友是学校人才培养质量和办学品牌的彰显,是学校宝贵的无形财富,是学校建设发展的重要支持力量,是高职院校实施校企合作、产学结合的重要资源。随着新时期高等职业教育的改革与发展,充分发挥校友资源的作用变得越来越重要,成立校友会,对促进学院科学发展、提高人才培养质量、促进就业质量及就业率等方面能起到积极的作用。现阶段,学校校友信息比较零散,没有统一的平台进行管理,因此需要开发适合学校特点的校友会平台,完善毕业生校友信息,组织相应的校友活动,充分发挥校友的作用,让更多的优秀校友进入校园座谈或者直接参与学校招聘,使毕业生可以掌握更多的校友资源,有利于更好地择业就业。

学校通过运用大数据、"互联网＋"等新技术手段,开发建设集校友数据资源、学生就业信息等功能的智慧平台。通过智慧校友平台,浙江金融职业

学院校友可以查询曾经所在班级、同学、老师等信息,浏览曾经在校的学生证、图书卡、成绩单等资料,点击观看学校举办的各类活动的照片、视频等影像资料。同时将学生就业方面的数据和功能嵌入智慧平台。总之,通过智慧平台能将原先需要人工进行的沟通联系、信息发送、资料汇总等工作转变为各类数据,让数据在平台上跑起来。借助微信等移动载体,拉近校友和在校学生之间的空间距离,提高就业工作的时效和成效。此外,浙江金融职业学院还研究开发校友总会微信公众号"zjfcxyh",现有上千人关注。微信公众号的开发应用,满足了校友和在校学生移动互联的需求,可以实时发布和接受就业信息。

三、发挥就业信息化优势,不断推进提升就业服务质量

学校扎实推进就业信息化工作,充分利用省、市、地区和校、系的就业信息网、短信服务平台,为毕业生提供及时、全面的信息服务,引导毕业生充分利用网络平台进行求职就业。注重发挥校园招聘会、宣讲会的主体作用,积极联系企事业单位来校招聘。同时,充分利用校友资源、系(部)教师资源,并积极做好人才推荐工作。条件成熟时,创建系级订单班,进一步拓宽学生的就业渠道。通过学校宣传栏、就业信息网、多媒体屏幕、短信平台等方式开设就业信息频道,宣传最新就业创业政策,加强毕业生与用人单位之间的信息沟通,使学生在第一时间了解相关求职招聘信息。以学生常用的QQ群、微信公众平台、微博等为载体,进行精细化的就业指导服务推送,帮助学生了解最新的就业发展动态。

经过近4年的信息化建设,浙江金融职业学院智慧化就业生态系统已经全面形成,就业信息网站、就业App、微信公众平台、微信小程序以及各类就业信息系统模块全面投入使用,并全部实现移动端接入,广受学生青睐。各

类就业信息平台已经成为毕业生了解就业政策、学习就业技巧、进行就业咨询和获取就业信息的主要通道,大大提升了学生就业服务满意度和求职服务有效性。

· 第八节 ·

主动延伸毕业生服务工作，
开展系列跟踪调查

就业延伸服务是指围绕以学生为本的服务理念,建立服务机制,搭建服务平台,提高服务效能,实现由传统的在校生就业指导向毕业后服务转变、由浅表服务向深层服务转变,更好地满足学生毕业后的实际需求,达到服务学生、服务社会、服务企业的目的,提高高校毕业生的就业竞争力、就业质量和可持续发展能力,有效缓解学生就业难、企业招人难的社会问题。

一、委托麦可思实施应届毕业生培养质量评价项目

麦可思(MyCOS)自2007年以来,采用科学的研究方法连续多年对全国大学毕业生的就业情况进行跟踪调查、了解社会需求,目前已建成中国具有第三方公信力的高校毕业生就业能力数据库。

浙江金融职业学院委托麦可思实施应届毕业生培养质量评价项目可以达到下述目的:测量和评价毕业生基本就业状况、反馈职业对毕业生工作能力和知识的需求、测量毕业生对学校课程设置有效性的评价、测量和评价学

校就业指导与求职服务的有效性、获得学校招生的有效信息、测量和评价毕业生对本校满意度等。

从2009年开始,浙江金融职业学院委托麦可思实施应届毕业生培养质量评价项目,到2019年已经10个年头。10年来,通过此项目,学校掌握了毕业生就业状况以及学校教学状况、课程设计、学生工作、求职指导与服务、后勤服务等的第一手资料,对应届大学毕业生毕业后半年的就业状态、职业所需的基本能力和专业能力以问卷的方式进行调查评价,这个反映企业人才需求的信息将为学校人才培养方向、深化教学改革的决策提供数据支撑。为更好地做好学校的就业服务、指导、跟踪以及信息化工作提供了科学的指引,促进了学校高质量就业工作的开展以及人才培养质量的不断提高。

二、 搭建就业跟踪服务平台

浙江金融职业学院高度重视就业市场调研和毕业生就业跟踪调查工作,加强对用人单位需求调研和毕业生就业后的调研,及时获得有效反馈信息,挖掘毕业生在实际工作中的不足和缺陷,完善人才培养模式。学校将毕业生就业后调研列入学校就业工作考核中,针对每届毕业生就业工作跟踪和调研,学校进行三方面的调研工作,即用人单位需求调研、招聘会满意度调研、毕业生就业后跟踪调研。此外,学校积极开拓"就业后"服务体系,为毕业后再就业、学历晋升、就业后指导提供有效帮助,全方位推进学生职业发展。

学校开展了大量多层次的调研活动。一是开展面向毕业生和用人单位的调查,重点关注调查对象的满意度,毕业生的择业行为、职业适应与起薪状况以及对我校教学培养质量等情况。二是利用各种校园招聘会,收集用人单位对毕业生的需求信息和对我校毕业生就业工作的意见建议。三是对在校生进行创业情况调查,形成台账,有针对性地进行跟踪教育培养。

三、开展毕业生就业走访调研

从学生就业体验的角度考察评价毕业生就业质量是一个重要维度,开展毕业生就业走访调研是学校了解毕业生就业质量的重要手段,也是毕业生反馈学校人才培养质量的重要渠道。为更好地了解毕业生就业情况,收集毕业生对学校人才培养工作的建议意见,学校不定期地组织开展毕业生走访调研工作。一是详细了解我校毕业生就业的对口率、推介率、创业率、跳槽率,进一步完善我校毕业生数据库建设,为学校就业研究的深入提供依据。二是了解学院毕业生的就业状况,在工作中遇到的问题,以及对学校教育教学环境、专业课程设置和教育教学内容、教学资源、教学方式、管理模式及就业指导课等方面的意见和建议,逐步建立经常性的反馈渠道和评价制度,为学校教学改革提供依据。三是了解用人单位对我校毕业生的思想品德、专业知识、业务能力和工作业绩等方面的总体评价和要求,了解用人单位人才需求状况。四是收集优秀毕业生典型事迹材料,完善学院毕业生资料数据库,推进我校毕业生就业管理工作的制度化、信息化。

就业延伸服务的有效构建,让毕业生在就业后“有困难找母校”,使其职业成长目标更清晰。领导、教师在参与就业服务的过程中关注了社会对人才的需求结构,关注了学生的需求和自主性,能更好地促进专业设置、满足产业需求,提升毕业生的职业发展潜力。同时,教师在走访用人单位时听取企业对毕业生的反馈意见,了解用人单位的满意度,可以及时更新学校的课程建设,调整专业设置、教学内容等办学思路,全面提高学校办学质量,提升学生(含已毕业学生)的就业竞争力和可持续发展能力。就业延伸服务工作,不仅提高了学生的就业质量,也锻炼了教师队伍,更扩大了学校的社会影响力。

07

第七章

浙江金融职业学院
10年就业工作的启示

第一节

必须坚持"就业立校"办学方针，
办人民满意的高职教育

　　高等职业教育是高等教育的一种新型形式，也是高等教育大众化的重要载体。面对高等教育大众化后毕业生的就业困境、高职教育求学对象的复杂化和相对层次较低的实情，确定有针对性的教育教学和人才培养方案，以实现并达到高职人才培养规格，并形成有特色的教育教学质量，这是全国高等职业教育界十分困惑，但也必须认真解决的问题。浙江金融职业学院是由国家级重点中专升格起来的高职院校，虽然举办高职教育只有5年，但学院坚持以教学改革为先导、先进理念为指导，较快实现了办学升格、管理升级，并在推进规范的同时初步形成了办学特色。学院不仅建成了现代化的新校区，且已成为内部管理运行规范、外部声誉日趋优异、教育教学水平较高、金融行业办学特色明显、招生就业广受欢迎的高职院校，并迅速在同类院校中脱颖而出，成为中央财政重点支持的国家示范性职业院校建设单位，人才培养工作水平被评定为优秀等级，以"银领"为出路的毕业生就业率连年达到95%左右。为此，必须坚持以就业为导向、以服务为宗旨，走产学研相结合的道路；认真贯彻《教育部关于以就业为导向深化高职教育教学改革的若干意见》，创造性地确立"就业立校、服务强校、合作兴校"的方针，并认真加以实践。这是高等职业院校办出特色、办出水平、办成让人民满意的高职教育的基本途径。

一、切实把思想认识统一到"就业立校"办学方针上

在高等教育发展过程中，许多学校都从不同角度提出了办学的指导方针，比如人才立校、质量立校、科研立校。浙江金融职业学院在实践中认识到，这些都是正确的，如果没有高等教育的高质量，就不可能有社会对毕业生的旺盛需求；如果没有一支高素质的教师队伍，也难以实施高水平的教学，从而难以提高教育教学质量；如果没有较高科研水平的教师和科研队伍，要真正提高教育教学质量也只能是一句空话。但是，高职院校以培养生产建设管理服务第一线需要的"下得去、用得上、留得住"的具有良好职业道德的高技能人才为目标，学院的主要职能是培养实用性人才、提供应用性技术服务、开展岗位职业和技术培训，科学研究尤其是基础科学研究不是其主要任务。高职院校的教师应是"双师型"教师，教学也是实践主导型教学，且以培养数以千万计的高技能人才，确保毕业生顺利上岗为主要目标。一支高素质和强科研能力的教师队伍，最终也要为提高教学质量服务；而体现教学质量的直接指标就是毕业生能否顺利上岗，在岗位上能否快速适应，在工作中能否健康成才。正因为如此，作为高等教育大众化时代的高职教育，必须将就业工作摆上重要日程。

浙江金融职业学院坚持就业立校的观点不动摇，始终认为就业立校不仅正确，而且光明磊落；始终认为只要我们的毕业生真正实现了顺利上岗就业，那么，办人民满意的教育就有了基本前提和条件。

二、切实把行动倾力调节到"就业立校"办学方针上

思想认识到位后,关键要抓落实,而抓落实的有效机制还是主要领导亲自抓,全员上下同心抓,落实责任常年抓。

明确党政"一把手"为就业工作第一责任人。高职院校的党政"一把手"不仅应该是提高教育教学质量,维护学校安全稳定的第一责任人,而且更应是就业工作的第一责任人,学院是这样,系部也要这样。只有这样,才会倾全院之力广开门路、扬长避短,推动全员、全年、全程就业工作的深入开展。为此,明确要求每一位系部教师都要为学生找工作,具体地说,就是要"关爱学生进步,关注学生困难,关心学生就业"。

建立健全院系两级就业工作考核机制。高职院校普遍实行两级管理,在两级管理中,职权的划分、财力的保证、责任的健全和绩效的考核是其重要内容。我们把就业工作成效作为一项硬指标与就业职能部门主要职责挂钩,与系部评先创优挂钩,与系部经费核算挂钩,与系部领导人、班主任奖金和业绩考核挂钩,也要与院党政主要领导和分管领导的利益挂钩,构建一个全方位的责任分解和考核体系,就业工作不达标,评选一票否决。

把着力点放在学生就业能力的培养上。就业立校不是一句空话,不但要有一个考核机制,还要有好的教育教学质量,就业立校的目标才能实现。强调抓内功,即抓学生岗位适应能力,抓学生职业道德修养,抓学生职业习惯培养,抓学生职业技能训练,抓学生职业素质磨炼,将就业上岗教育、职业精神培育、职业能力培养贯穿三年教学全过程。

坚持实践主导型教学改革。为了推动就业立校工作的深入开展,根据高等职业教育的要求,在实践中切实注意:高职高不能越位,职不可缺位,教不可错位。理论课教学坚持适度原则,积极创造条件,增加实践教学时数,

增加学生实习、实践、实验、实训机会,专业课程以岗位、职业和能力为主线展开,进行综合化整合和改革,贯彻就业能力导向,促进实践教学仿真化。

建设一支"双师型"教师队伍。多年来,围绕学生顺利上岗就业,学校致力于以职业化、双师化、硕士化为目标建设师资队伍,着力在提高教师育人能力、科研能力的同时,注意提高教师的实训能力和教学能力。而这其中,师资队伍的双师化目标非常明确,双师化措施十分扎实。专业课教师主要从实践部门调任,或从实践部门聘请,现有教师和新进教师在直接提高学历、加强高等教育学习的同时,必须通过挂职锻炼和实习调研增强实践能力,并建立双师化长效建设机制。

三、切实把机制真正构建到"就业立校"办学方针上

浙江金融职业学院在实践中坚持并不断发展订单式培养,推进教学与实践零距离,构建教师与学生零间隙,谋求毕业生与上岗零过渡的有效形式,并努力使之成为贯彻落实就业立校方针的闪光点。所谓订单式培养,不是20年前、10年前的委托培养,因为这种方式周期太长,可变因素太多。浙江金融职业学院所进行的订单式培养,是指在二年级下学期开始进行的毕业与上岗紧密结合,教学与实践紧密一致的培养。每年5月份(大二下学期)由学院向社会发布信息或磋商订单,用人单位根据需求向学生公布就业需求,学生根据需求报名,经面试、体检合格后组成订单班,实行准职员教育。订单班可以说是虚拟的,也可以说是实质性的,既可以在一个专业中选任,也可以在全校范围内形成,从每年9月份开始实施针对性教育(实际上也已经是学历教育和岗位培训相结合),培养方案由学校和用人单位商定,教师由学校和用人单位互派。双方扬长避短,三方共守协议,实行针对性准职员教育和培养。到次年2月份(大三下学期),有计划地到用人单位顶岗实践,

合格者毕业后直接就业上岗。学院近两届毕业生的实践证明,这种形式比较符合高职院校,尤其是经济管理类高职院校人才培养工作实际,可以实现"三赢",更重要的是把毕业生就业工作落到了实处。

必须切实把握好大政方针，
创新性地开展就业工作

大学生就业工作是一项政策性很强的工作。多年来,浙江金融职业学院坚持以党和国家关于教育、职业教育以及大学生就业的政策、方针为指引,坚持认真学习党和国家有关职业教育以及大学生就业工作的政策,切实领会国家政策方针的内涵,坚持做到贯彻政策不折不扣,坚持做到执行政策不走样,把大学生就业这项政策性很强的工作做出了成效。

浙江金融职业学院贯彻习近平总书记关于职业教育的批示精神,为广大青年打开了通往成功成才的大门,担负起了促进就业创业的重要职责;在坚持产教融合、校企合作、坚持工学结合、知行合一等方面做出了较为成功的探索。

一、实施学生"千日成长工程"育英才

浙江金融职业学院为国家示范性高等职业院校,在办校四十年的光辉历程中,始终将"办品质高校,育时代英才"作为高职教育的首要任务。创新

发展育人机制,坚守"以生为本"的育人理念,学校提出了实施学生"千日成长工程"。该工程从当前我国高等职业教育三年学制的特点出发,把学生从入学到毕业大约1000天的时间,设计成一个贯穿三年,从始业到毕业,包含课堂学习、课外活动、认识实习、跟岗实习和顶岗实习在内的全程育人工程,通过学校的组织发动、体制构建,教师的积极参与,启发学生的行为自觉和环境的构建,进而使其成为一个立体化育人工程,以期打造出一批"品德优化、专业深化、能力强化、形象美化"的高质量队伍建设,培育更多更好的综合素质高、职业能力强的基层复合型人才。具体表现在:积极开设各类优秀课程,举办优质竞赛;注重技能练习工作,创办"金手指"技能尖子工程、"金口才"演讲辩论工程、"金礼仪"职业礼仪工程。

浙江金融职业学院积极探索学生千日成长理念下的学生工作机制,着力做到抓紧一年级、抓实二年级、抓牢三年级,努力营造全员、全过程、全方位育人氛围,全面实现学生天天成长、人人成长、持续成长、健康成长、快乐成长、幸福成长。

二、深化产教融合,校企合作育人才

浙江金融职业学院在"以培养订单为始点,以开放办学为特征,以校企合作为平台,以双师团队为依托,以工学结合为载体,以优质银领为目标"的就业方针下,建立了全国业内外享有良好声誉的银领学院。银领学院推崇优良的就业工作思路,以市场拓展为基础,全力提升就业服务水平;以完善机制为保障,合力推进就业工作创新;以健全体系为重点,着力提高就业指导质量;以能力培养为关键,大力引导学生自主创业,其创新的育人理念与实用型的办学体制受到了学生的一致好评,家长的共同放心,5000名行长的历史佳绩也得到了社会各界的一致赞扬。

浙江金融职业学院深化产教融合、校企合作，进一步完善校企合作育人机制，创新技术技能人才培养模式。学校作为浙江省第二批省级现代学徒制试点单位，共有7个专业具体开展相关试点工作。浙江金融职业学院在高素质、高技能应用型金融人才培养方面紧贴行业，与金融企业深度融合，采取订单式人才培养，寻求到了我国高等职业教育学历教育与岗前培训最佳契合点，探索出一条高素质高技能应用型金融人才培养的新途径。订单班实行订单式培养是工学结合、校企合作的最有效载体，实现了企业、学生和学校三方共赢，也是学院推进优质就业的最有效抓手。

三、就业工作中不落下任何一个学生

李克强总理指出，促进高校毕业生就业创业，关系到国计民生，也是加快创新型国家建设的重要支撑，要把落实好就业优先战略和积极就业政策放在突出位置，认真细致地做好就业创业服务，拓宽大学生就业渠道。

10年来，浙江金融职业学院将大学生就业这项关系到国计民生的工作当作事业去做，对每一个大学生的就业都付出100%的努力，在就业的这条道路上不让一个学生掉队；坚持就业创业服务，构建了全景式就业教育指导体系，打造了全程式就业援助服务体系，开发了"互联网＋就业"指挥平台；努力拓宽大学就业的渠道，大力推进就业市场建设，校园招聘会成为学生求职的一个重要平台。随着校企合作的推进，近几年来，订单班已经成为大学生就业的主要抓手。

学校就业工作坚持以"关爱每一个学生的健康成长"为工作主线，着眼毕业生多样化的就业发展需求，努力在丰富就业服务内容、提升服务附加值上下功夫。多年来，学校深入了解、准确把握每一个毕业生的就业动态、意向和需求，建立起毕业生动态就业信息库；扎实开展"就业直通车"服务，积极安排车辆接送毕业生参加各类招聘会;高度重视就业困难群体的就业援助工作,充分利用各方资源为他们送岗位、送服务;学校还积极与杭州市人事局等部门合作,开展经济困难毕业生就业帮扶工作,通过发放"就业一卡通"等途径,确保经济困难毕业生畅通无阻地参加各类招聘会。

必须把握高职院校人才培养工作的总目标：毕业与上岗零过渡

高职院校要把"毕业与上岗零过渡"作为学校人才培养工作的总目标。在人才培养方面，要求毕业生熟悉岗位、理解岗位，具有较好的岗位适应能力、业务动手能力和与之相应的人际交往能力，尤其要有敬业精神，有良好的职业道德、职业意识、职业理想和必要的职业技能，学生一旦毕业即可上岗顶用。

对一所学校而言，学生质量的好坏直接关系到学校的声誉及教育目标能否实现。社会以毕业与上岗的"零过渡"作为衡量高职毕业生质量的标准。面对这样的标准，学校在办学过程中要大力谋求学生毕业与上岗的"零过渡"，把优质的"产品"提供给社会。为了实现上述目的，浙江金融职业学院在教学过程中进行了一系列的实践和探索。

一、修订教学计划，实行模块化教学

根据高职院校学生培养目标，改变原有的学科型教学计划设置，建立以知识、素质和能力为内容的模块化教学计划。学院还着力于构建一专多能的能力培养结构，并按此推进课程模块化改革，主要设置基本能力模块、专业深化能力模块、专业拓宽能力模块和跨专业能力模块，为学生专业发展和个性发展打下基础。教学内容强调应用性，案例教学、实验、实训课时占60%以上。

二、改革人才培养模式，大力开展订单式培养

在目前高职三年学制情况下，用2学年或1.5学年完成所有的专业教学任务，根据用人单位需求，用1个或1.5个学年进行订单式培养，建立"校企合作、工学交替、师生互动"的人才培养模式。浙江金融职业学院银领学院订单班学生在校学习期间，前两年执行学校的教学计划，第三年根据用人单位的实际需求制定教学计划，由用人单位和学校共同提供师资，对订单班的学生进行有针对性的培养和训练，使学生一毕业就能够上岗，实现了真正意义上的"毕业与上岗零过渡"。

三、实行职业资格证书制度，提高毕业生岗位适应能力

为落实中共中央、国务院关于"在全社会实行学历证书、职业资格证书并重制度"的要求，学院按照社会需求办学，着力培养持有"双证"的高层次技术应用型人才，并创造条件，申请建立职业培训鉴定机构，开展"双证制"教育工作。"学历证书＋职业资格证书"的双证制度，大大拓宽了高职生的就业途径。为使学生毕业后能顺利就业，学院特别开辟了多种渠道的修学计划。学生除了完成高职专业学习外，学院还组织学生参加计算机、高级营销员、信用管理员、保险代理人、通用管理能力、IBM电子商务师、证券从业人员

资格等专业证书的考试。那些拥有"双证"的学生,在毕业时都成了用人单位的"抢手货"。

《职业教育法》规定,实施职业教育应当根据实际需要,同国家制订的职业分类和职业等级标准相适应,实行学历证书、培训证书和职业资格证书制度。因此,推行"双证制"(学历证书、职业资格证书)既是贯彻落实《职业教育法》的需要,也是提高高职教学质量,实现学生毕业与上岗之间"零过渡"的需要。

四、技能教学与行业部门标准对接,直面行业需要

为使学院培养的学生具有较强的职业动手操作能力,为相关行业输送直接能够上岗的毕业生,在教育教学实践中,学院将行业标准导入教学内容,在技能教学上推陈出新,打破技能教学内容、考核方法和标准的老框框,把行业标准引入技能教学中,结合行业对各种技能的要求,设定学生的各项技能标准,使学生通过三年技能练习,达到行业标准,为进入用人单位后能直接上岗打好基础,即实现学生毕业与上岗的对接。学院技能教研室教师对各种传统技能在各大商业银行的标准做了周密的调查,在调查基础上推陈出新,确立技能教学的新思路,使教学更符合实践需要。

必须围绕学校中心工作抓学生就业，
不断提高就业质量

　　早在2004年，教育部就明确了高等职业教育的定位，即服务为宗旨、就业为导向、走产学研相结合的道路。高等职业教育作为一个类型，其重要的特征和价值主要是面向区域行业和企业的就业。因此，无论是专业建设还是教育教学工作，都必须把就业导向贯穿始终，把是否有利于对口就业、顺利就业、优质就业作为基本出发点和归宿点。

　　围绕"建设重点名优高职院校和加快建成高品质幸福金院"这一中心工作，浙江金融职业学院党委一直坚持"就业立校、服务强校、合作兴校"的办学思想，高度重视就业工作。学院第二次党代会又提出了"全面建设更高品质幸福金院"的目标，而要实现这一系列的目标和要求，提高人才培养质量是根本，而反映人才培养质量的直接指标就是就业率和就业质量，只有一批又一批毕业生顺利就业、对口就业、优质就业，并在岗位上实现可持续发展，才会真正彰显出学校的真正办学水平。

　　学院领导高度重视毕业生就业工作，坚持就业工作的"一把手"工程，设立毕业生就业工作领导小组，统筹协调校内各部门、各学院参与和配合就业工作。就业工作领导小组定期召开毕业生就业工作会议,及时讨论和解决有关问题,协调动员学院各方面的力量,保障就业工作的顺利开展。各系(部)普遍注重对就业工作的领导,不断推动毕业生就业工作的深入开展。近年来,学院逐渐形成了"就业工作事关教师使命"的理念,注重就业工作队伍的建设和"扩编",积极吸引专业教师队伍、思想政治工作队伍关心、参与就业工作。目前已经形成了专业教师队伍、思想政治工作队伍和专职就业工作队伍相互补充和相互支持,就业工作、思想教育、人才培养相互反馈和相互推动的"大就业"工作格局,有效地提高了人才培养质量和就业质量。

各院系领导亲自牵头挂帅,强化责任,明确各项工作的专门负责人,制定了详细的工作计划,把毕业生工作纳入重要议事日程,确保就业工作目标胜利完成。招生就业处牵头统筹学院各系互动融合,不断推动毕业生就业工作的深入开展,学院领导班子带领各系负责人深入就业工作第一线,开赴就业市场实地考察调研,了解用人单位需求信息,为毕业生就业穿针引线,大力倡导和提升就业工作专业化职业化,帮助毕业生实现更快、更好地就业。与此同时,各系部切实承担起与学院职能部门工作的对接以及与系(院)对口重点用人单位联络、开发拓展毕业生就业市场和就业基地、毕业生就业意向调研、就业动态跟踪、优秀毕业生推荐、职业辅导和咨询、就业手续办理等工作的组织和协调。

紧紧围绕学校中心工作和"就业立校"的办学方针,学校在提高人才培养质量和提高毕业生就业竞争力上下功夫,坚持"以生为本"的主体思想,坚持"内抓教育,开拓市场、全员参与"的原则,努力健全就业领导工作的体制和机制,全力开拓就业工作的平台和渠道,不断强化内部管理和制度建设,千方百计地促进毕业生优质就业、充分就业,推进学校就业工作的稳步前进,并取得了以下成效。

首先,毕业生就业落实较好。本校2009—2018届毕业生的就业率均在

95%以上,均高于全国示范性高职院校。毕业生整体就业率较高,从供求数量上反映出学校培养取得了较好成效。同时,毕业生升学意愿不断增强,本校2009—2018届毕业生"毕业后读本科"的比例不断上升,从2009届的0.3%增加到2018届的16.0%。数据显示,本校越来越多的毕业生毕业后选择继续提升学历。

其次,学校对本省经济发展贡献度持续较高,就业倾向从大型国企转向小型民企。本校2009—2018届毕业生在省内就业的比例持续较高,均高于85%,2016—2018届有所提升,均提升至90%以上(2016—2018届分别为91.9%、93.5%、92.4%),其中吸引外省生源留省内就业的比例有所增加,2016—2018届外省生源留在本省就业的比例从2015届的53.1%,提升到70%左右(2016—2018届分别为68.3%、70.8%、68.8%)。此外,毕业生就业倾向正在从大型国企转向小型民企。本校2009届毕业生在国有企业就业的比例在四成以上(45.8%),到了2018届跌至一成多(11.8%);同时在民营企业/个体就业的比例从2009届的不足四成(37.3%)不断增长,到2018届达到76.0%。

再次,毕业生就业质量持续提升。毕业生薪资水平呈现上升趋势,未来发展空间较大,从薪资角度来讲,本校毕业生在就业市场具备较强的竞争力。同时,本校2011—2018届毕业生的就业现状满意度呈上升趋势,从2011届的67%上升至2018届的77%,且近10届均高于全国示范性高职院校。毕业生对就业现状的整体感受较好。

· 第五节 ·

必须坚持"以生为本"理念，
切实为学生提供精准就业服务

高等学校的任务就是培养人，为此必须树立"一切为了学生、为了学生一切、为了一切学生"的指导思想，把满腔热情、满脑智慧、满手技能想方设法传递给学生。浙江金融职业学院党委书记周建松指出，学院应该在理念上"以生为本"，行动上"一切为了学生"，把学生的成才成长作为教师成功的基本要素。

近10年的就业工作和实践中，浙江金融职业学院始终坚持就业工作以学生为中心，以提高学生的就业能力为核心，以为学生提供全方位的就业服务提供保障，努力做到就业既要为学生的现在谋生路，还要为学生的未来谋发展。

在提高学生就业能力方面，进一步深化"以生为本"的理念，以学生的"学"来反映教师的"教"，通过每年的麦可思毕业生培养质量跟踪报告，发现问题，及时反馈给学校相关部门，推动学校教育的"供给侧改革"，真正做到"基于学的教"。进一步把握人才培养核心定位，将学生核心素养融入教学标准。工匠精神的重点在于职业品格的始终如一，职业技能的精益求精。

核心素养包括人文底蕴、科学精神、学会学习、健康生活、责任担当、实践创新。学校工作重点聚焦进一步对接企业行业发展新要求,优化人才培养定位,结合高职教育和各专业特点,进行学生核心素养的开发;各专业群将学生发展核心素养融入专业教学标准、课程标准等教育教学中去,并通过教学环境和实验实训条件的建设,营造职业化、社会化的学习氛围,促进学生职业素质和社会能力的提升,支撑工匠精神的养成,从而更好地实现学生的可持续发展。进一步研究学生发展特点,使人才培养调研转化为教育"生产力"。学生是什么样的人是人才培养工作的起点,怎样认识90后、00后学生,他们的认知和情感有什么特点? 信息化时代需要大数据的支撑,对学校而言,使用麦可思人才培养需求调研、应用型金融人才培养调研已经成为常态。

在为学生提供全方位的就业服务方面,我们以就业指导课为主渠道,采取多种形式,进行分年级、分层次的就业教育,提高学生的职业生涯规划意识、服务基层意识、创业创新意识、增强就业竞争力。我们坚持就业工作"关爱每一个学生的健康成长"为主线,精确把握,深入了解每一个学生的就业动态、意向和需求,建立毕业动态就业信息库。针对就业困难的学生,我们推出"就业个别辅导"帮扶服务,采取面对面、"一对一"的结对帮扶。通过学校宣传栏、就业信息网、多媒体屏幕、短信平台等方式开设就业信息频道,宣传最新就业创业政策,加强毕业生与用人单位之间的信息沟通,使学生在第一时间了解相关求职招聘信息。以学生常用的QQ群、微信公众平台、微博等为载体,进行精细化的就业指导服务推送,帮助学生了解最新的就业发展动态。

学校将每年的5月23日设为"爱生节",至今已坚持了10余年,这在全国高校还是首创。每年这个日子,全体老师都要走进教室、走进宿舍、走进学生食堂,与学生面对面交流,开座谈会、谈心、聊天,聊生活、聊学习,老师最终要走进学生心里,打开学生的心扉。在"坚持就业立校方针、推进学校品牌建设"的理念指导下,我校每年致力于为毕业生提供一个更加灵活、更具操作性的就业平台,全力拓宽就业渠道,尽力为毕业生直面就业市场创造有利条件。

"淑女学院"让女生容易就业。2011年3月,浙江金融职业学院创设了"淑女学院"。"淑女学院"的培养内容主要包括课程和训练。学院把课程分为"内修、外塑、才技"三大模块,结合一年四季推出了"春意、夏趣、秋思、冬悟"四季课程,同学们可以"看单点菜",有茶艺、插花、服饰搭配、化妆技巧、摄影技术、形体礼仪、女性心理健康、瑜伽、形体舞蹈、歌唱技巧、国学经典等30多门课程。所有的课程都向全校女生免费开放,在校女生都可以参加,选不上课的,可以参加网络课堂和项目活动。最受女生欢迎的课程是礼仪课。培养学生的职业礼仪是淑女学院的重要任务。如今,走进浙江金融职业学院校园,迎面向你走来的学生,个个面带微笑,精神饱满。近年来,行业企业积极正面的反馈越来越多,来学校招聘毕业生的金融机构越来越多。

建"明理学院"全面提升学生核心素质。学校创新性地设立了校级素质教育管理机构——明理学院,用于整合全校的文化素质教育资源,以"明德理、明事理、明学理、明情理、明法理"为目标,着力培育"懂做人、会生活、爱学习、能做事、守法纪"的优质学子。在时间维度上,坚持强基重始,从学生入学开始,就加强始业教育和素质培育;在过程维度上,贯彻知行合一,全力打造德智体美全面发展的应用型人才;在组织维度上,形成教育合力,全面促进素质教育与专业教育的深度融合。人文素质教育聚焦学生的职业核心素质,通过教学计划的设置、教学内容和课程体系以及教学方法的改革,以及通过教学过程和校园文化活动的整体优化,提升学生的素质和可持续发展能力。同时坚持社会主义核心价值观的引领,切实把培养具有人文精神、创新精神和实践能力的学子作为教育目标,开展有针对性的社会实践和活动。

第六节

必须强化综合素质培养，
致力于提高学生就业能力

综合素质是指个人在特定的时期，所应具备的知识水平、道德素养、社会修为能力，以及对社会生活、工作、学习中所表现出来的应变能力和所体现的价值观念等。人的综合素质是人们自身所具有的生理、心理和外部形态，以及内在涵养的比较稳定的特点，泛指观察能力、实践能力、思维能力、整合能力和交流能力。从高职院校学生的实际出发，借鉴浙江金融职业学院银领学院先进经验，在高职院校学生综合素质培养方面，以下几点值得重视。

一、磨炼职业技能

高职院校学生的职业技能是就业核心竞争力，也是实现职业发展的基础保证。银领学院自成立之日起就把学生的技能训练放在首要位置，并将职业技能分为三个层次：第一层，出于功利目的，为技能成绩本身而练；第二层，为磨炼意志、培养刻苦精神而练；第三层，为自我实现目标而练，在技能训练中找到获得感和成就感。如何将这几个层次技能训练境界层层递进，银领学院探索并形成了一套完整的培养机制：每年4月—5月份，学校步入订单人才培养的招聘季节，各家金融机构按期到校召开订单招聘宣讲会，以先进的管理理念和用人标准、企业文化吸引学生踊跃报名参加订单人才选拔。订单班开班后，学院通过始业教育让学生认识到精湛到位的技能能成为自己的职业核心竞争能力，引导学生树立正确的人生观、世界观、价值观。形成正确的职业发展观以后，学校进一步发挥校友的作用，凝聚校友的力量，设置了"技能之星"奖学金，用以奖励技能突出的优秀学生，激发学生练习技能的积极性。同时举办各类技能竞赛活动，与江苏银行杭州分行、恒丰银行杭州分行等以技能联谊赛的形式，开展学生与行业技术能手的交流，互相学习，共同提升技能水平。

二、践行知行合一

为保证学生实践能力与企业需求实现有效对接，学校在每年4月份召开院务委员会，邀请银行、证券期货公司等金融机构开展面对面座谈会，收集企业招聘计划。大二第二学期，学生采用填报志愿的方式递交申请，并在当年5月参加由企业组织的预选、笔试、面试。通过双向选择，学生和订单单位签订订单培养协议。

进入订单班的学生将正式纳入订单企业的员工管理系统，在这最后一年的订单模块培养过程中，"全程化"融入企业行业的师资、课程。一方面，订单班学生的人才培养方案根据学校和订单单位的需求共同制定，组织开设大三第一学期课程，并由学校专业教师和企业行业的业务骨干共同授课，学校教师主要负责基础教学，企业业务骨干负责专业课程和企业业务流程教学，将教学空间延伸到金融机构，形成一种"大课堂"教学模式。另一方面,必须加强专业实践技能训练,做到"应会",手脑并用,合二为一。为此,学校在大三第二学期输送学生到订单单位一线岗位,从事具体的工作,每一个学生都由企业师傅进行一对一的业务指导。一般情况下,学生和师傅共用一个工号进行工作,学生在师傅指导一段时间后可以拥有独立工号,实现由学生向企业员工的身份转换。

同时,学校以工学结合为途径,以校企合作为平台,以双师团队为依托,让学生在"做中学、学中做",把学到的专业技术理论转化为实践动手能力,积极参加顶岗实习和社会实践,多动手、勤操作,在锻炼好基础技能的同时,综合发展其他业务能力,将业务理论变成自己的生产和工作能力。

三、提升职业素养

作为现代服务业的金融行业,对塑造从业人员专业、诚信、亲和的职业形象有着更高的要求。学校专门开设了"金融服务礼仪"和"金融职业礼仪"课程,开展礼仪网训,运用互联网手段,为学生提供大量职业礼仪的知识、案例、视频等资源,并可以进行在线答疑和互动交流,通过多种形式来加深学生对礼仪的理解,并学会运用于工作实践中。

当然职业礼仪除重视外在形象的塑造,训练学生标准的外表修饰和外在行为外,更在于教学与训练的过程中,对学生思想引导和价值观的教育,强调工作过程中培养对顾客、对岗位、对职业的尊重与热爱。对此,学校专门下发了《银领学院学生职业礼仪规范》,对学生日常的职业着装、容貌修饰、文明礼貌、行为举止等进行规范,并纳入考核范围。此外,学校还充分利用企业订单培养平台,与订单单位开展职业礼仪交流,通过带领学生观摩行业的职业礼仪实践应用和职业礼仪比赛,邀请优秀校友回校开展座谈交流,邀请行业专家开展职业礼仪讲座等形式,给予学生更真实、直观的感受,促使职业礼仪行为向职业素质的内化。

为了推动学校的职业礼仪教育,提升学生的职业形象,强化职业礼仪的实际运用,展现银领学子良好的精神风貌,学校每年都会在明理报告厅举行一年一度的金融职业礼仪大赛,以礼仪操练和情景模拟的形式展现职业礼仪的综合运用。无独有偶,如果说一年一度的礼仪大赛是学生职业礼仪的"精华版",那么职业礼仪考核则是全面性的,其内容涵盖了礼仪理论知识掌握、课堂活动参与、课外训练成效、课程在线学习、礼仪视频拍摄及观摩、礼仪志愿者活动、礼仪比赛成绩、日常礼仪行为表现、实习期间职业礼仪优势展现等,帮助学生从职业礼仪认知转化为职业礼仪行为,并进一步形成职业礼仪习惯,内化成为职业素养。

四、锤炼职业道德

育人德为先,学生职业道德和职业素养的培养至关重要。银领学院把学生的职业道德和职业素养培育放在了重要位置,针对订单班学生"准职业人"的特点,开设了职业素质与能力提升课程,在第一课堂依据高素质技术技能型人才所应具备的职业素质为线索,设计"以职业人的方式来对待工作""高效工作的能力""在职业发展中提升自己""在职场与人相处的方法"等学习单元,采用体验式教学方法来完成。

此外,学校对每个进入订单班的学生都有职业素质量化考核分数。初始分为100分,当某个学生的分数低于60分时,班主任就会主动约谈,帮助学生分析原因,制定改进计划;当考核分数低于40分时,学工办的辅导员老师就会面对面提出警示;考核分低于20分时,主管学生工作的党总支书记就会"邀请喝茶",深入剖析问题产生的思想根源,解读行为规范,给学生提供最后的改正机会。学校以这样量化考核的分数为抓手,坚决杜绝如迟到、早退、旷课、课堂玩手机和趴桌子睡觉等不遵守纪律的行为,从平时细节着手,培养学生下课后自觉关灯、放好凳子,离开时带走垃圾,开会时带上笔记本,遇到师长主动问候等意识和良好的行为习惯,引导学生在点点滴滴的"微善行"中一步步内化为素养。

课堂教学和量化考核措施之外,学校还利用校友榜样的力量,积极引入企业文化。订单班开班前期,各银行人力资源部领导亲自到校授课,从企业LOGO的含义到企业精神的释义,从企业的发展历程到发展愿景,全面解读企业文化,让学生对将要入职的企业有一个全面的了解,并发自内心地产生认同。

·第七节·

必须加强毕业生心理健康教育和职业生涯规划,助力毕业生顺利走上工作岗位

面对就业,大学生的心理是复杂多变的。通过几年的大学生活,同学们在知识、能力与人格方面有了积极显著的发展,有着强烈的就业意愿和积极的就业动机,为能尽快实现自己的人生价值而感到由衷的欢欣;而就业岗位和就业方式的多样化,也为大学生就业提供了更多的机遇和更大的自由度,许多大学生都摩拳擦掌、跃跃欲试,准备在所学专业领域一展身手。但是大学生在就业过程中,难免出现种种心理矛盾、心理误区和心理障碍。

一是期望值过高。有些大学生在择业过程中对就业形势和用人单位的需求了解不够,完全按照自己的理想一厢情愿地谋求高薪高酬职位;由于目标不切合实际,在择业过程中屡屡碰壁,结果导致心灰意冷,甚至丧失自信心。

二是角色转换困难。一些大学生过惯了校园生活,对父母和学校的依赖性很强,一旦独立面对社会,面对社会角色的客观要求,面对复杂的社会关系,常常产生逃避心理和抵触情绪,因此,很难找到理想的工作。

三是急功近利心理。一些大学毕业生一心只想留在大城市挣钱多、待

遇好的单位,或者到合资企业、外企或沿海发达地区,为了功利不惜抛弃自己的专业和兴趣,但心理上难免会感到困惑。况且,越是大城市、大企业或沿海发达地区,人才就越密集,竞争也就越激烈。离开自己的专业优势去竞争,使大学毕业生容易遭受挫折。

四是"铁饭碗"情结。一些大学生受传统观念影响,固守着"一次择业定终身"的思维模式,希望一次择业就能抢占到生活的制高点,一劳永逸,没有意识到在现代社会中,每个人都可以有多次择业的。

五是攀比心理。一些大学生在择业时不是从自身实际出发,而是与同学攀比,特别是看到与自己成绩、能力差不多的同学找到令人羡慕的工作、获得可观的收入时,觉得自己找不到理想职业,很没面子。为了获得心理上的平衡,将自己择业的目标设计得过高,其结果是高不成、低不就,陷入苦恼之中。

六是个人主义倾向趋于严重。许多大学生在择业时不考虑国家和社会的利益要求,把个人兴趣爱好放在了首位,把是否能在未来的职业生涯中发挥专长,实现自我发展作为择业的唯一要求。

七是择业心态不正当。在人事制度的改革和人才供求关系的变化过程中,由于大学生所需的公平竞争机制尚未形成,一些人把择业希望寄托在社会关系上。

对于即将进入社会的大学毕业生,学校在就业指导中要加强心理健康教育,帮助毕业生调整就业心态,准确找准职场定位,根据自身特点和社会发展的需求来进行职业选择,调整择业心理,做好择业准备,以正确的价值观、择业观,良好的心态参与求职择业活动,增强大学生适应新的就业形势的能力,使他们能顺利走上工作岗位。

第一,要知己知彼。择业是一种双向选择,因此必须正确地评估自己的优势和劣势,明确自己在择业中可接受的范围,同时要全面准确地了解用人单位的用人需求和竞争对手的实力。在知己知彼的情况下去选择职业,就能增加成功的概率。

第二,目标要适中。大学生在择业过程中一定要实事求是地确定择业目标,切不可好高骛远。近几年,大学生择业一个明显的特点是向往发达地区、沿海地区和大城市,但在这些地方因人才集中而很难找到理想的工作。而一些欠发达地区的中小城市或广大农村更需要大学生,大学生在那里往往更受重视,更有用武之地。就我国目前状况,只要大学生肯降低择业标准,愿意到艰苦的地方去,就业市场还是十分广阔的。

第三,应有必要的形象设计。处于择业阶段的大学生,都希望能给用人单位留下良好而深刻的印象。这些印象是靠毕业生给用人单位提供的各种信息和自己的实际表现形成的。在不违背事实的前提下,可以通过形象设计和对信息的精心组织,突出自己的特长与优势,给用人单位留下鲜明深刻的良好印象。心理学研究表明,人与人接触的第一印象很重要,如果第一印象不好,以后即使花上几倍的努力都难以挽回。因此,对自己进行适当的包装、修饰,是印象管理的一个重要方面。另外,在求职过程中免不了言语沟通,掌握沟通技巧也是择业不可缺少的准备。总之,"预则立,不预则废",这一古训对大学生择业同样适用。

第四,扬长避短策略。扬长避短是任何竞争性活动都必须遵循的原则和必须采用的策略。任何人都有长短优劣,问题在于如何尽最大可能发挥出自己的长处与优势,避免短处与劣势。有长处没有得到发挥或有短处没有得到避免都会对择业有影响。因此,在择业过程中,有必要对自己的长短优劣做一番分析,使自己的长处得以充分展现。

第五,树立自主创业的观念。传统就业观念是从社会提供的各种职业中选择一个适合自己的职业。但作为一个现代大学生,不仅要有多次择业的心理准备,而且要树立自主创业的观念,即职业不仅是可以选择的,而且是可以创造的。大学生已具备相应的知识,在条件许可的情况下完全可以根据市场需要和社会需求创造新的职位。

根据调查显示,有不少毕业生在入职后心理表现不适应,学校对毕业生的入职心理适应能力要加强培养,要采取各种措施增加毕业生去企业实习实践的机会,做好入职前的心理辅导和入职后的教育、引导。在毕业生离职原因中,由于就业单位的工作要求和压力太大,以及由于对企业管理制度和文化不适应而离职的占较大比重。因此要加强对毕业生的就业期待合理定位教育,给予毕业生相应的就业心理辅导,以此提升毕业生适应工作单位的能力,尽快适应企业的文化和管理制度,更快地融入新的工作生活中。

· 第八节 ·

必须切实把握好高质量就业的内在逻辑，推动毕业生可持续发展

就业是最大的民生。从"十二五"规划开始，就业质量被赋予了特殊的重要性。党的十九大报告提出"要坚持就业优先战略和积极就业政策，实现更高质量和更充分就业"。就业质量再次被列为就业领域的优先目标，这也将是未来就业工作的重中之重。

作为宏观经济政策的一项重要目标，就业促进政策的侧重点有其阶段性。中国特色社会主义进入新时代后，继续强调高质量就业，原因主要有以下三个。

第一，高质量就业是人民美好生活的重要组成部分。虽然最近几年我国劳动年龄人口不断减少，但就业压力仍然很大。不过，总体就业形势仍比较稳定，无论登记失业率还是调查失业率都维持在一个比较低的水平。对于多数人来说，就业领域的主要矛盾不是劳动力能否找到工作，而是劳动力对高质量工作的需求和高质量工作的供给不平衡不充分之间的矛盾。因此，实现更高质量的就业是化解新时代社会主要矛盾的重要内容。

第二，高质量就业是高质量发展的内在要求。党的十九大报告指出，我

国经济已由高速增长阶段转向高质量发展阶段,正处在转变发展方式、优化经济结构、转换增长动力的攻坚期。创新是引领高质量发展的第一动力,高质量的发展需要有强劲的创新来支撑。决定创新的因素有很多,其中重要一点是人力资本。现有的研究大多关注了人力资本的生产状况对于创新的影响,比如劳动力受教育程度、教育质量等。其实,人力资本的配置也与创新密切相关,而人力资本配置的一个重要方面就是就业状况。因此,就业状况与创新的关系也非常密切。低质量就业也许能推动经济增长,但要实现高质量发展,高质量就业是一个重要前提。

第三,高质量就业是世界各国的共同追求。对高质量就业的追求,是相对较新的理念。很多国家都把提高就业质量列为重要议事日程。党的十九大报告进一步强调,实现更高质量就业,是一种实事求是、与时俱进的选择,是实现包容性增长、全面建成小康社会的必然要求。

正因为高质量就业是一个比较新的理念,因此,学术界对什么是高质量就业至今仍无定论。不过,对于如何衡量就业质量,国内外学者做出了诸多努力,并有一些共识,概括起来主要有以下五个方面。

一是工作的稳定性。这里的稳定性不仅意味着在一个单位内部工作的稳定性,也意味着连续工作的状态,即单位可能变了,但工作一直存在,工作在不同单位之间的转换是快速而低成本的。

二是工作待遇和工作环境。有比较高的待遇,包括工资收入和社会保障等,以及有比较安全舒适的工作环境,是高质量就业最重要的指标之一。

三是提升和发展机会。包括学习和培训的机会、职位晋升和职业发展的机会等。

四是工作和生活的平衡度。对于多数人来说,工作是为了更好地生活。如果工作时间太长,工作压力太大,就会与工作目的相背,也就谈不上就业质量。

五是意见表达和对话机制。高质量就业一般都有比较畅通而有效的意见表达渠道,有健全的对话机制,即劳动关系比较和谐。

近年来,我国经济发展进入新常态,并经历着供给侧结构性改革,就业压力巨大。从前述这些维度来看,我国的就业质量整体来说虽然有了明显提升,但仍有很大提升空间。

高质量就业是人们获得感、幸福感、安全感的重要保障,是逐步实现全体人民共同富裕的重要保障。因此,在决胜全面建成小康社会,开启全面建设社会主义现代化国家的新征程中,要实施就业优先战略和积极就业政策,始终要把促进就业作为经济社会发展的优先目标,采取切实措施,继续推动实现更高质量的就业。

首先,要贯彻"创新、协调、绿色、开放、共享"的新发展理念。建设现代化经济体系,把发展作为第一要务,推动经济高质量高效益发展,创造出更多更好的就业机会。要发挥传统动能就业主渠道的作用,发挥区域比较优势,引导符合条件的劳动密集型企业向中西部地区和东北地区转移,形成更加多元化、均衡化的产业中心和就业中心。还要培育新动能,坚持创新驱动,真正提高原始创新、自主创新在创新中的比重,使产业迈向中高端,使创新在经济增长中发挥更大作用,使经济增长由要素驱动转到创新驱动,在发展的过程中优化就业结构,提高劳动者收入水平和保障水平。

其次,要补短板,对一些特殊群体要给予特殊的关注和支持。高校毕业生和农民工就业是就业工作的经线和纬线,织牢织好经纬线,就业形势就能保持总体稳定。但从长远来看,供给侧结构性改革,以及人工智能、机器人、大数据、区块链等科学技术的发展,将会对就业带来巨大冲击。在这方面,加强职业和岗位培训,提高高校毕业生的就业能力和创业能力,为他们提供更多的就业服务和创业支持是关键措施。

再次,要构建和谐劳动关系。劳动关系和谐与否,本身就是就业质量高低的一个重要方面,高质量就业一般意味着有比较和谐的劳动关系。和谐劳动关系的构建,有赖于劳动力素质的提高,因为素质高的劳动力具有更强的谈判能力和不可替代性,因此能争取到更多的权利。从历史和现实来看,更根本的途径是完善政府、工会、企业共同参与的三方协商协调机制,特别是要更好地发挥工会的作用。

多年来,职业院校非常重视就业工作,把高就业率作为体现学校发展水平和质量的重要指标,出台政策、加大投入、建立机构、选派专人、加强职业指导工作等,不断强化就业工作,其结果是职业院校毕业生就业率持续走高。然而,伴随高就业率的是就业满意度不高的现实,主要表现在就业质量不高,对口就业率、起薪、社会保障水平、就业稳定性和职业生涯可持续发展等就业质量方面的指标均有待提高。所以,提高就业质量已经成为新时期职业院校发展水平的重要体现,也是职业院校职业指导工作新的目标追求。

浙江金融职业学院多年来着眼于提高毕业生的就业质量,把提高毕业生的就业质量作为做好就业工作的目标,过去十多年来先后与100多家银行、证券、保险公司等金融机构开展订单式人才培养,每年保持在约1000名学生的规模,占到学校毕业生的1/3以上。学生就业单位都是国内知名的各类银行、证券、保险等金融机构和知名企业,用人单位评价浙江金融职业学院学生"品质好、能吃苦、肯奉献、善学习",得到企业的普遍认可。据不完全统计,学校办学至今累计已为浙江省乃至全国的金融机构输送了近6万名优秀的经济、金融人才。前期优秀校友大多已走上领导岗位或成为单位业务骨干,有近百名校友成为省级分行及以上领导,支行副行长以上干部5000多名。今后,在提高学生就业质量上,浙江金融职业学院将继续转变观念,创新举措,压实责任,在提高毕业生就业质量方面再上新的台阶。

08

浙江金融职业学院
下一个10年就业工作展望

第一节

把握高职院校扩招机遇，推动学校更好更快发展

目前，我国经济已经由高速增长阶段转向高质量发展阶段，正处在发展方式转变、经济结构变革、增长动力转换的攻坚期，但高素质技术技能人才供给与需求之间的结构性矛盾仍然突出。这就需要加快发展现代职业教育，优化人才结构，扩大有效供给，为促进经济社会发展和提高国家竞争力提供人力和人才支撑。高职院校大规模扩招100万人，是党中央、国务院做出的重大决策，是落实《国家职业教育改革实施方案》的重要举措，是职业教育改革发展的重大机遇，将对我国教育发展产生重大影响。浙江金融职业学院如何抓住高职扩招的机遇，在今后的发展中继续保持全国高职院校领先地位，如何提高站位，把高职扩招政策理解好、运用好，为学校更好更快发展加油助力是一个值得研究的课题。

第一，扩大高职招生规模，目的是弥补技能型人才供应严重不足的问题，既适应产业转型升级的需要，又为退役军人、下岗失业人员、农民工等劳动者提供正规职业教育的机会。学校应加强政策研究，完善招生标准和规程，探索建立新的师资、教材、分班、学制、理论教学、实践训练以及教学评价

体系。

第二，对于退役军人、下岗失业人员、农民工等成人可能存在的工学矛盾，学校可以试行"弹性学制"，如果条件允许，也可采取单独编班。同时利用浙江省承担着东西部对口扶贫的任务，可尝试接纳更多来自西部地区的青年人或在浙江的务工人员，实现"职教扶贫"。针对生源质量和公平问题，也可探索多元化的应试入学录取办法，如细化、加强对社会人员的实践操作考评，做到扩招工作的公平、公正。

第三，目前高职院校在扩招方面面临的实际问题是"进一步增加招生类别"，学校需对不同人群提出不同的人才培养要求。其中，对退役军人、失业人员、农民工等特殊人群更应强调技能方面的培养，这对学校人才培养提出了更高的挑战。为了做好相关工作，学校需要建设一支结构合理、素质优良、特色鲜明、业务水平高的师资队伍，有效推动校企深度合作，深化校企协同育人。同时面对生源的多元化问题，学校需要将学历教育和技能教育有机衔接、融合，对学历证书和职业技能等级证书所体现的学习成果，进行合理的认定、积累和转换，以拓宽各类生源的持续成长通道，为提升高职毕业生的就业能力创造有利条件。

第四，面临生源结构、资源环境等明显变化，社会成员生源比例上升，资源供给压力增大，教学实施与教学管理难度加大，学校亟待通过大改革，向不同的学生群体提供高质量的教学服务。首先，学校要加快推动课堂教学改革，充分利用信息技术和互联网应用技术，面对不同生源群体探索优质数字教育资源和新型教学模式，结合线上和线下，运用好理实一体教学、模块化教学、项目教学、案例教学等手段，推广教学过程与生产过程实时互动的远程教学。其次，学校还要加强教学质量监测和评价，探索宽进严出机制，可以借鉴内蒙古机电职业技术学院严格学业成绩考核的经验，课程不及格的，重修考核不及格的学生不能毕业，防止"放水"现象。

准确把握人才培养的目标定位，
实现毕业生优质就业

浙江金融职业学院将自身的人才培养主要定位于面向商业银行一线，熟练掌握商业银行柜面各项业务技能，懂营销、会理财，具有一定后续发展能力的现代银行新柜员。银行业工作环境好、待遇高，一些学生经过多年的发展以后，有望成为商业银行一线营业网点负责人，是介于白领和蓝领之间的一个层次，我们定义为银领。立足柜员、做好柜员、高于柜员是浙江金融职业学院面向商业银行等金融机构业务一线培养大量的优质银领人才的培养目标定位。

一是立足柜员。在人才培养方面，坚持面向金融业务一线高素质高技能应用型金融人才培养方向和目标，业务素质高、动手能力强、上岗适应快应该是我校毕业生的基本特征，每一个金融职业学院的毕业生都能熟练进行各项银行业务操作，熟知各项金融产品，熟悉、了解金融市场的总体情况，并能够根据金融市场的情况变化做出有利于客户的自身独立判断。熟练操作、熟知产品、熟悉市场是立足柜员的基本要求。

二是做好柜员。在立足柜员的基础上，学生在商业银行业务一线工作中,对于各项柜面操作业务不觉得烦琐,愿意从事柜面工作,安心于柜面工作。具备各项柜面业务操作的基本能力,能够胜任各项银行柜面业务操作,并能够出色地完成各项工作。肯做、能做、做得好是做好柜员的基本要求。

三是高于柜员。要求在熟练的岗位业务操作技能基础上,做好各项柜员工作,同时要具有一定的后续发展潜力,能够发展成为商业银行理财顾问、客户经理、商业银行基层营业网点负责人。会理财、懂营销、商业银行基层营业网点负责人是高于柜员的总体要求。

浙江金融职业学院的办学方向正确,人才培养符合商业银行业务发展对一线人才的现实需要,使浙江金融职业学院和商业银行等金融机构的产学合作力度不断加大,合作程度不断加深,订单式人才培养成为校企双方共同的追求。

第三节

把握未来金融人才就业方向，
不断拓展人才培养广度

金融人才的培养方向应该与金融人才未来所从事的职业相关,培养具备岗位能力的综合素质高的金融从业人员。金融人才未来可选择的就业方向很多,现列举几种。

一、银行柜员

前台柜员负责直接面向客户的柜面业务操作、查询、咨询等,后台柜员负责无须面向客户的联行、票据交换、内部账务等业务处理及对前台业务的复核、确认、授权等后续处理。独立为客户提供服务并独立承担相应责任的前台柜员必须能够自我复核、自我约束、自我控制、自担风险;按规定必须经由专职复核人员进行滞后复核的,前台柜员与复核人员必须明确各自的相应职责,相互制约、共担风险。

二、VC/PE 从业者

VC/PE是对非上市企业进行权益性投资,然后以并购、上市或者管理层回购等方式出售持股获得高额利润。投资项目总是隶属于某个行业,对该行业的基本知识要有一定的了解。对行业有深刻的认识,无疑对于项目的投资具有极大的帮助。投资企业其实有一半是投资行业,行业发展不景气或者受到宏观调控的打压,投资的项目自然会深受其害。因此,VC/PE从业人员要力争成为行业专家。

三、证券分析师

证券分析师要对证券市场的各种因素进行分析和研究,经过专业的分析向投资者发送最有价值的投资报告。一名优秀的证券分析师,不仅要熟悉传统证券学的专业知识,还要保持与时俱进的眼光,了解证券投资理论和方法的最新研究成果,比如演化证券学、行为金融学等。

四、金融信息化人员

当下金融行业的发展离不开金融创新,金融信息化也在飞速发展。如今,网上银行、网上支付、银行卡联通、银行安全与服务、CA认证等业务的发展都要归功于金融信息化,金融信息化人才非常受欢迎,特别是那些英语水平较高的人员,因为各大金融公司引进的国外技术和人才,都需要能够熟练使用英语的人员进行操作和沟通。

五、金融风控师

金融机构外表风光无限,但其实也是利益与风险并存。随着金融市场的开放,金融体系的风险意识必须加强。近年来,为了控制金融风险,银行、基金公司、期货公司的金融风控人才十分稀缺。有志于进入相关岗位的人员必须对金融控制敏感,并且擅长理性分析。当然,也可以通过学习专业知识和金融风险管理方面的FRM课程来提升自己。

六、金融分析师

金融分析师在金融投资界被称为“金领一族”。金融分析师的认证起源于美国,是一个全球性质的证书认证,拥有金融分析师资格证书CFA则是金融行业的“入场券”。目前我国急需大批金融高端人才,即使不想进入国际投行,获得相关证书也可以在国内大有作为,投行等金融机构会向他们伸出橄榄枝。

七、金融工程师

金融工程师是金融业的创新职位,他们不同于传统的金融理论研究,也不同于理性的金融市场分析人员,他们更加注重金融市场交易与金融工具的可操作性。金融工程师善于金融创新,他们将最新的科技手段、规模化处理方式(工程方法)应用到金融市场上,并开发出新的金融品种和交易方式,为金融市场的参与者赢取利润提供完善的服务。这个岗位更加侧重于工程建设,而不单纯是具备金融专业知识,必须能将信息工程与金融紧密地结合在一起。

八、银行客户经理

目前,银行仍然是金融市场的第一巨头。银行客户经理是非常有前景的职业。与员工打交道的银行客户经理需要有广阔的人脉,产出业绩,从而获得较高的收入。银行客户经理通常需要具备较强的公关能力和系统的营销策略,能够积极主动地调动银行的各类资源为客户服务。

第四节

继续坚持合作办学、合作就业、合作育人、合作发展,培育实用金融人才

高等职业教育要坚持以服务为宗旨,走产学研结合发展的道路。几年来,浙江金融职业学院服务地方经济特别是金融行业,坚持合作办学、合作育人、合作就业、合作发展,取得了明显的成效,得到了省领导的充分肯定。2010年6月,陈敏尔常务副省长在考察浙江金融职业学院时说,浙江金融职业学院为浙江地方经济、金融业特别是银行业的发展输送了大批人才,有了自己的特色,学院是办得好的。刘延东同志在视察学校时说,浙江金融职业学院能够将行业、企业、学校很好地结合起来,能够把金融事业和职业道德教育很好地结合起来,能够把教育教学和校园文化建设很好地结合起来,形成了自己的特色,培育了大批实用人才。

合作办学、合作就业、合作育人、合作发展是我国高等职业教育发展的要求,也是浙江金融职业学院依托行业办学的经验总结。高等职业教育培养行业区域经济发展需要的一线管理服务人员,高职培养的人才,行业是否留得住、用得上、受欢迎,关键在于人才培养的目标和过程是否贴近行业、融入行业。学院与行业内众多的企业实现全方位的合作办学。组建实质性的

校内二级学院,如浙江农村金融学院、浙江信泰人寿学院、浙江众诚会计学院等,学院、企业的高层和学校系部的领导担任正副院长,双方的管理人员和骨干担任教师,共同研究、制订并实施教学计划。构建校企融合的双师结构教学团队,来自行业企业的许多领导、专家参与专业建设,担任专业负责人,许多业务骨干担任兼职教师,承担课堂教学、实习指导等工作。学校的许多教师则参与行业企业的发展规划、科研开发、课题研究和员工培训,为企业提供服务的同时,丰富了自身的实践。校企共建校内外实习实训基地。近年来,学校与工、农、中、建等四大银行的浙江省分行,浙商银行,信泰人寿保险公司等全国性机构,以及一大批企业共建了200多个校内外实训基地。校内基地由双方共同规划设计,投入设施、仿真建设;校外基地双方签订协议,定期走访,互通信息。大批的实习实训基地,为师生的教学、见习、顶岗提供了全真业务操作训练机会,也为行业员工的提高创造了机遇和条件。

高等职业教育是以就业为导向的教育,学生就业质量、数量的高低是衡量高职教育是否成功的标志。面向行业的就业,必须是行业合作支持的就业,而取得行业的合作支持,首要的是培养出行业需要的人。

金融作为现代服务业的高端产业,对从业者的职业素质提出了非常高的要求,培养高素质的现代金融工作者,没有行业合作育人是不可能实现的。首先,学校把对学生道德素质职业素养的教育作为育人之首,学校设立旨在教会学生"明德理、明事理、明情理"的明理学院,每年聘请大量做出突出贡献的劳动模范和各类先进人物,用他们成长成才的经历经验对学生进行立德树人教育,帮助学生形成正确的道德观价值观,养成敬业精神和责任心。其次,学校和行业营造浓厚的金融行业文化进行环境育人,学校的道路以金融企业命名,学校的建筑由金融单位捐资冠名,学校的景观由金融行业兴建,学校的宣传场所传播金融行业的价值、理念、文化。许多银行为订单班学生制作了行服,组织学生参加银行的文化活动,培养学生的归属感。金融氛围的耳濡目染,对学生起了润物细无声的默化作用。再次,金融企业在学校设立教育基金和各类奖学、奖教金。由全省各主要金融机构共同发起并捐资成立的浙江金融教育基金会,长期以来为学校的发展起了精神和物质上的重大推动作用。由省内30多家企业自愿捐款命名的奖学、奖教金,鼓励了一批又一批教师默默耕耘在金融职业教育的第一线,激发了一批又一批金融学子努力学习报效行业的学习热情。

银校合作、开放办学,学校的发展取得了同行瞩目的成就。2003年,学校获全省高职第一家办学水平评估优秀等级的学校;2006年,入选全国首批示范性高等职业院校建设单位;2009年以优异的成绩通过示范验收,成为浙江省第一所全国示范性院校。学校被评为全国金融职业教育先进集体,浙江省职业教育先进单位,省级文明单位,是全国高职、全国财经类院校、浙江省高职等众多委员会、研究会、协会的会长、理事长、秘书长单位。学校师资实力雄厚,拥有教授及副教授100多位。学校有金融等5个中央财政支持的重点专业和金融职业教育网等3个示范建设项目,有国家级精品课程7门,省级以上精品课程18门,教指委重点建设课程12门。学校招生形势喜人,报考分数连续数年位居省高职院校第一,自主招生报考录取比超过20∶1。学校具有很好的社会声誉和社会形象。

行业和各合作单位的支持,给了学校更多的荣誉感和责任感,学校以培养贴近行业、贴近需求的高质量实用金融人才为己任,积极开展以"品德优化、专业深化、能力强化、形象美化"为主要内容的学生职业素质提升工程,在全校实施"学生千日成长工程",建设学生职业素质养成基地,组建学生技能尖子班,开展学生技能擂台赛,成立了近60个旨在提高学生素质、拓展学生能力的社团,有效提升了学生的职业素质和能力,学校毕业生以基础理论扎实、动手能力强、上岗适应快、发展潜力大而广受行业和用人单位的欢迎。他们之中涌现了数以百计的总行、省地市分行以上的行业领导,数以千计的县市支行负责人,数以万计的行业骨干;涌现了全国劳动模范,全国五一劳动奖章获得者和各级各类先进;涌现出大批行业之星,首席员工、比武能手,他们撑起了浙江金融行业的半壁江山,为金融事业的发展做出了杰出贡献。

第五节

重视创新创业人才培养，
发扬浙江高校创新创业品牌优势

　　我国2010年制定的《国家中长期教育改革和发展规划纲要（2010—2020年）》提出，"把育人为本作为教育工作的根本要求"，"为每个学生提供适合的教育，培养造就数以亿计的高素质劳动者、数以千万计的专门人才和一大批拔尖创新人才"，这一纲要为现代大学责任指明了方向。党的十九大报告明确指出，中国特色社会主义建设进入新时代。新时代要求企业通过提高技术创新能力和竞争优势来整合各种资源形成核心竞争力，要求高等教育系统培养出具有创新精神和创新能力的高素质人才来引领和满足社会经济发展的需要。目前，国内经济社会发展的战略转型与世界政治经济格局的巨大挑战，使现代大学与社会政治经济发展之间的关系日益密切，社会对现代大学的期望值日益提高，也对现代大学提出了新挑战、提供了新机遇。

　　在当前我国经济进入新常态形势下，深化高等学校创新创业教育改革，是国家实施创新驱动战略，促进经济提质增效升级的迫切需要，是推进高等教育综合改革，促进高校毕业生更高质量创业就业的职业举措。为此，国务院办公厅专门印发了《关于深化高等学校创新创业教育改革的实施意见》

（国办发〔2015〕36号），提出详细的改进要求，指导高校进行创业教育改革。高校应把创新视为创新创业人才培养中的重要培养新理念，帮助学生建立创业意识、激发创业精神、打造创业能力。

一、坚持价值引领、能力培养和知识传授"三位一体"

价值引领做先导。大学应注重培育学生的社会责任感，强调学生良好道德情操的养成，强调以德为先，突出承担使命、奉献社会的培养要求，同时落实创新创业人才培养理念。大学生不能都去报考公务员，不能都去做思想家，必须有青年人站出来做创新、寻创业，为我国的社会经济发展注入源源不断的新生力量。

能力培养是重点。目前，高校教学系统对大学生的考核，多以书面考试的形式进行，而对于理论和实践相结合的教育和考核方式重视不够，完全或基本忽视了学生的创新能力和动手能力的培养。这导致传统的人才培养体系所培养出来的学生理论联系实际能力偏弱、缺乏创新意识和创业能力。创新创业人才培养的本质是育人兴国，其要义在于增强学生学习真知识、发现真问题、开展真研究、提出真见解的能力，尤其是在学习过程中提高创造和创新的能力。

知识传授奠基石。创新人才的培养离不开学科专业教育。高校应把创新人才培养融入学科专业教育的全过程，更加重视改进学科专业设置和知识传递过程，帮助学生构建完整、扎实、复合型的知识体系。只有具有创新意识、创新精神、创新思维和创新知识，方能具备创新能力，并最终能够在某一领域具备创业本领。

二、坚持创业教育、创业训练和创业实践"三位一体"

创业教育启发意识。"大众创业、万众创新",相对应的要有大众化的创业教育。身处信息社会中,现代大学应顺应目前蓬勃发展的"创业＋互联网"大趋势,通过创造机会、提供空间、筹措资金等方式,为有意愿创新创业的学生提供机会,给予支持。创业训练磨炼能力。在意识启发、精神提振的基础上,大学可设立"大学生创新创业训练"体系,通过开展"创业之星大赛""创业引领计划""创意创新创业大赛"等系列训练活动,锤炼学生创新创业能力。创业实践孵化企业,针对拥有优秀项目且创新创业意愿强烈的学生,高校可通过创业孵化基地、创业示范基地等场所,帮助学生开拓创业空间、配置创业资金,为学生创新创业提供孵化支持。

三、坚持创新、创意、创业"三位一体"

创新是创业的基础,创新精神勃发,可以为创业提供动能。创意是创新的载体。创业是创意的实践起点,思想要转变成行为,才能有效改变世界。强调创新、创意、创业"三位一体"是高校深化创新人才培养的一条特色路径。

浙江作为中国投资创业的最具活力的热土,中小企业数量位居全国前列,浙江人凭着敏锐的洞察力和中小企业的优势,以产品创新、品牌升级为动力,出现了一大批全国人民耳熟能详的知名企业和企业家,这也成为浙江所独有的创新创业文化优势。另外,浙江充足的民间资本也是大学生创新创业的重要保障。近几年的调查显示,浙江省毕业生一年后创业率远高于全国平均水平,从事自由职业的也有不小比重,这充分说明浙江省高校创新创业教育走在全国前列。

在用人单位建议我省高校今后人才培养需要提升的各项能力调查中,创新能力培养超过综合素质培养,列第一位,占总调查单位的43.04%。这说明在毕业生各项能力基本满足用人单位需求的情况下,创新能力成为社会及用人单位关注的重点,因此提升学生的创新创业能力刻不容缓。

· 第六节 ·

深化产教融合，推动人才培养和
就业工作再上新台阶

　　进入21世纪以来，我国教育事业蓬勃发展，为社会主义现代化建设培养输送了大批高素质人才，为加快发展壮大现代产业体系做出了重大贡献。与此同时，受体制机制等多种因素影响，人才培养供给侧和产业需求侧在结构、质量、水平上还不能完全适应，"两张皮"现象仍然存在。深化产教融合，促进教育链、人才链与产业链、创新链有机衔接，是当前推进人力资源供给侧结构性改革的迫切要求，对新形势下全面提高教育质量、扩大就业创业、推进经济转型升级、培育经济发展新动能具有重要意义。

　　党的十九大报告明确指出，完善职业教育和培训体系，深化产教融合、校企合作。省十四次党代会提出，要实施重点高校建设计划和产教融合发展工程。产教融合是高等教育内涵式发展、提高人才培养质量、支撑科技创新和服务区域行业产业的基本手段。深入贯彻落实党的十九大和省十四次党代会精神，把产教融合从理念变为行动，落实到具体工作，需要找到更好的途径、载体和抓手。一是专业建设必须与行业产业发展相融合相对接。人才培养不能滞后于行业产业发展，要认真研究行业产业发展前沿，调整优化专业结构和专业方向,更精准地培养行业产业所急需的技术技能人才。二是人才培养过程必须同企业一起来进行,校企双方在确定招生计划、制定人才培养方案、开发课程教材、组织教育教学、管理与考核评价等方面要强化协同配合,充分发挥企业界参与的专业指导委员会的作用。三是采取"走出去"和"引进来"的方式,学校与企业共同打造一系列产教融合平台,建设好校内外实训基地,共同打造实践育人教学平台和应用技术型协同创新平台。四是与企业共同建设一支"双师型"教师队伍,聘请具有丰富实践经验和一定理论水平的业界人士作为学校的兼职教师。五是在完成校内外实训的基础上,与企业共同做好实习环节教育,规范教育过程,提升技术技能人才培养质量。

解决好产教融合中的问题,牵涉到各个方面。学校不仅要转变办学理念、创新办学举措,而且要大力营造氛围,做好宣传和引导,鼓励企业承担社会责任;要认真研究如何在政策机制上落实产教融合的措施,保证产教融合顺利推进;要加强适应产教融合的条件建设。

浙江金融职业学院作为首批国家示范性高职院校和省重点建设高职院校,在产教融合、校企合作方面有成功的探索,积累了有益的经验,应该站位更高、视野更宽,进一步深化产教融合、校企合作,不断加强内涵建设,推进现代职业教育体系建设,提升人才培养质量和办学水平,为全省高等职业教育提供更多理论和实践经验,发挥引领作用。

·第七节·

积极拓宽就业形式、渠道和市场，满足毕业生就业需求

面对严峻的就业形势，政府除了采用经济手段，通过保持经济增长来扩大就业外，还可以采用一定的行政手段来拓宽高校毕业生就业形式和渠道，促进他们就业，主要可以做四个方面工作。

一、积极引导高校毕业生到中小企业和基层就业

浙江省民营经济发达，各类中小企业是高校毕业生就业的主渠道，要充分发挥这个主渠道的作用。要鼓励企业招聘高校毕业生，企业招聘高校毕业生，符合一定条件的，可按规定享受就业扶持政策和其他优惠政策。要进一步出台举措吸引毕业生到西部、艰苦地区和基层就业。

二、拓展公共管理与服务岗位，特别是基层公共管理与服务岗位

相对于我国和我省的经济发展，相对于人民群众对于享受公共服务的

需求而言,无论从全国还是全省角度来看,我们拓展基层公共管理与服务岗位的潜力是比较大的。有关部门应该制订相应的规划,通过提供岗位或者购买服务的方式来推进,从而促进高校毕业生就业,并促进和谐社会建设。

三、大力支持高校毕业生自主创业

鼓励大学生自主创业,是实施"创业富民、创新强省"总战略的重要内容,是培养和造就我省新时期企业家领军人才的重要渠道,也是缓解当前和今后一个时期高校毕业生就业压力的有效途径。要采取切实有效的措施支持大学生自主创业。要放宽高校毕业生创业的市场准入条件,对创办企业的高校毕业生在法律、政策许可范围内,适当降低资金、人员等准入条件。要加大对高校毕业生创业资助和扶持,通过资助、商业贷款贴息、小额担保贷款等方式予以支持。要鼓励高校和地方建立大学生创业孵化基地和创业园,为高校毕业生创业提供各种便利和保障。

四、推进就业市场的建设和完善

要充分发挥市场在配置人力资源中的基础性作用,着力建立统一、规范、高效的高校毕业生就业市场。一是抓好网上就业市场的建设与管理。要充分发挥网络在增强信息服务和供需匹配方面的作用,进一步完善大学生网上就业市场建设,加强高校就业网络建设,努力提高毕业生就业信息的服务效率。二是发挥实体就业市场的作用。要进一步完善实体就业市场体系和功能,提高匹配效率,为高校毕业生提供更多的免费信息服务和其他与就业相关的服务。三是积极开展各种形式的校园招聘活动。校园招聘活动针对性强,匹配度高,而且对高校毕业生而言比较安全、方便,就业成本比较小。高校要通过"工学结合、校企合作"等方式,利用行业、校友等资源,积极开展各种形式的校园招聘活动,切实提高毕业生就业率。

浙江金融职业学院要加强对外联系,着重加强与长三角地区特别是浙江省各人事部门、行业主管厅局、行业协会和用人单位之间的联系,不断拓宽毕业生实习、就业渠道;加强与国内外知名金融企事业单位的联络,积极邀请他们来校开展宣讲招聘活动,满足毕业生高层次就业的需求;加大"全员就业"工作力度,充分调动学院、学科、辅导员、班主任和专业教师的力量,积极为毕业生寻求就业岗位;组织好春、冬季招聘会和各类中小型专场宣讲、招聘会,为毕业生和用人单位提供完善的校园双向选择平台;进一步完善学校就业网站,加强无形就业市场建设,推进就业工作信息化。

做好做强"五大平台"，
切实为毕业生提供精准的就业服务

一、就业招聘信息服务平台

要充分发挥招聘会对毕业生求职引导的作用,并通过校企互动、座谈和大型人才招聘会等活动,让学生亲身体验就业氛围。学校积极探索适应工学结合特点的招聘会新模式,充分发挥招聘会对毕业生求职引导的作用,并结合学生大三阶段的特殊情况,实行招聘会分批分类进行,改一次大型招聘会为多次分时分类招聘会,让招聘双方充分交流、洽谈。把举办大型招聘会、中小型招聘会、校内专场招聘会结合起来,发挥招聘会的最大效应。以网上招聘和信息化为依托,发布用人单位招聘信息,提供岗位;发布校内外大型、专场招聘会。为毕业生提供、推荐就业视频专场招聘会。通过网络招聘与传统的招聘形式相结合,减少学生搜集就业信息的盲目性,提高工作效率,节约工作成本。

二、就业指导教育平台

学校要将就业指导课程作为必修课纳入教学计划,安排专人从事就业指导课的教学工作及理论研究工作,并要让就业指导"关口前移",自新生进校起就对其进行职业生涯筹划等方面的指导。通过毕业生就业创业指导教育,全力帮助毕业生树立正确的就业择业观,并安排分阶段、分层次、分内容对学生进行职业规划、就业指导和创业教育,使学生树立起正确的就业观和良好的就业心态。定期安排就业、创业讲座,对求职意向尚不明确的毕业生予以重点关注,帮助求职盲目、被动的毕业生树立正确的就业观念。

三、学生实践服务平台

要充分利用学生就业创业组织的作用,发挥其积极性和主观能动性,让学生利用周末、节假日走访调研人才市场和企事业单位,发放邀请函,写调研心得体会和报告。学生自己去寻找市场,学会自我推销,在就业调查访问过程中自觉地形成正确的就业观。

四、就业帮困扶助平台

首先,对就业困难的毕业生采取一对一帮扶,通过联络各毕业班就业信息员汇总就业困难学生信息,主动邀请该批学生到学校就业指导服务中心,由老师进行一对一的沟通指导,包括对简历设计、心理及职业定位和职业生涯规划等方面,及时了解情况,分析困难所在,采取有效措施,并根据不同的困难情况和就业方向对该批学生进行分类,列为重点推荐就业的对象。

其次,要根据学生的不同情况,为经济困难、身体残疾等求职困难的毕业生提供重点指导和服务。目前为更好地帮助和了解此类毕业生就业后的情况,我校已建立了此类毕业生就业信息档案库。

五、就业跟踪服务平台

学校要高度重视就业市场调研和毕业生就业跟踪调查工作,加强对用人单位需求调研和毕业生就业后的调研,及时获得有效反馈信息,挖掘毕业生在实际工作中的不足和缺陷,完善人才培养模式。为更有效地反映真实性,学校已连续10年委托第三方——北京麦可思数据有限公司对学校毕业生做了全面调研,为学校提升办学水平和教育质量提供重要参考依据,真正做到以市场为导向和衡量标准,培养出符合社会要求的高技能、高水平、高素质的综合人才。

第九节

继续注重校友工作，
促进就业以及毕业生人生指导力度

"资源"一词在《辞海》中的解释为："一个国家或一定地区内拥有的物力、财力、人力等各种物质要素的总称，分为自然资源和社会资源两大类。社会资源包括人力资源、信息资源及经过劳动创造的各种物质财富。"可见，校友资源属于社会资源，指"校友群体和个人自身作为人力资源所体现的社会价值和所拥有的财力、物力、信息、文化、社会影响力等有形和无形资源的总和"。校友资源具有多元性、广泛性、综合性、动态性、潜在性等特点，是学校特有的、可再生的资源。

校友是学院联系社会，走向未来的重要桥梁和纽带，是学校的品牌，也是学校宝贵的资源和财富，在实现宏伟的奋斗目标中具有重要作用。学校应重视这个独特资源的开发，加大校友工作力度，通过成立学院校友会及理事会，开通校友网页，与校友取得联系，实现网上服务，完善校友资源的基本数据库，同时借助网络平台和新媒体手段，迅速有效地获得校友各类信息的变更，将变更及时入库，时刻保持数据库的最新状态。

学校应该积极主动关心并保持与校友之间的交流与沟通，为校友之间的交流沟通搭建平台,塑造母校亲和的学校形象。要发挥文化传承的作用,调动所有校友的积极性,不能靠行政手段,靠母校的精神和文化特质,靠相同学习背景和文化底蕴的精神归宿,最终形成学校独特的凝聚力和向心力。

首先,充分发挥校友的引路作用。就业市场是一个充满竞争的市场。如何开拓市场既要有技巧,也要有策略,当然首先要有真诚和信用,在参与市场竞争中,熟人特别是校友的引路是十分重要的。通过校友引路,可以顺利闯过就业市场开拓的第一关。

其次,充分发挥校友的榜样作用。校友在工作岗位上,本来就是一个品牌、一个形象,其学识水平、工作能力、为人处世、工作业绩都在直接或间接地代表着社会对学校毕业生的评价,从而对下届或下几届乃至之后数十届的毕业生都会产生重大的影响。学校应对优秀校友的单位多去联络,对杰出校友的单位积极争取,对一般校友的单位改进想法。浙江金融职业学院的毕业生之所以受到用人单位格外的青睐和欢迎,与前数十届校友"动手能力强,上岗适应快,实践水平高,创新创造业绩显著,廉洁自律,报恩母校情深义重"的良好形象有很大关系。

再次,整合校友资源。这包括要摸清校友的详细情况,建立校友联络组织,研究校友会工作机制,真诚地谋求学校发展与校友发展的互动,力所能及地为校友做好事、做实事,主动构建学校与校友联络的机制。浙江金融职业学院建立了法人社团校友总会,设立校友联络办公室,通过定期表彰杰出校友,聘请校友回母校做报告等举措,应该说整个工作是十分成功的,值得推广和学习。

浙江金融职业学院历来重视校友工作,把校友工作作为学校建设发展战略工作之一来推进,以系统理念引领校友工作,在推进学校建设发展、人才培养、产教融合等方面取得了很好成效。2018年在全体师生校友共同努力下,校友总会荣获浙江省5A级社会组织,校友工作取得了新的成绩。要按照学校党委书记周建松的要求,在学校新的发展时期,进一步重视和深化校友工作,加大在财力、物力等方面投入支持校友工作,要把校友工作单项独立工作与系统性工作结合在一起;要把走访校友、服务校友与丰富自己工作结合在一起;要把当前结点工作与长远谋划工作结合起来;要把经常性的校友工作与打造校友工作品牌结合起来;要把凝心聚力借力校友促进工作与互惠共赢服务校友结合起来;要把校友工作考核压力与促进校友工作动力结合起来;要把日常的校友工作与二级学院人才培养、教育教学工作结合起来;要把校友工作专职队伍与兼职队伍结合起来,动员学院更多的老师来关心和参与校友工作,校友工作要切实做到人人有责。

·第十节·

构建更为完善的就业教育服务体系，不断提高毕业生就业竞争力

一、以课程建设为契机，做深做强体验式教学

全面启动"大学生职业生涯规划与就业指导"精品课程建设计划，努力打造省级精品课程。改编校本教材，编写更加符合学校实际的金融类职业院校职业生涯规划与就业指导教材。精心组织集体备课、相互听课、定期研讨，开展课堂跟踪、教学反思，推行小班化教学，改革课程组织形式，重点推行体验式教学模式，力争将"大学生职业生涯规划与就业指导"建设成省级精品课程。推行体验式教学，关键在于师资队伍建设。通过举办全球职业规划师培训、国家级职业指导师培训、组织教师参加省大学生职业发展与就业指导课程设计大赛等，加强师资队伍建设，提高课程教师乃至全校辅导员就业指导与服务工作的专业化和职业化水平。继续开展"大学生职业生涯规划与就业指导"课程实践，将行业调研、岗位体验、生涯人物访谈做实做特。每年定期举办大学生职业生涯规划大赛，继续深化普及职业生涯规划

理论与方法,宣传优秀参赛选手风采,引导带动一大批学生参与大赛提升能力。

二、以中心建设为平台,做精做专个性化指导

(一) 职业发展与就业咨询

利用崭新平台,打造更加个性化的就业指导。在招生就业处开设"职业咨询室",定期开设,增加时段,由全球职业规划师、国家高级职业指导师为全校学生"坐诊把脉",开展个性化的就业咨询,提供一对一全方位指导,重点强化个人职业规划分析与指导、职业适应训练与指导。组织安排学生就业导师,邀请企业人力资源经理、成功校友等,通过面对面交流的形式,向毕业生提供就业分析和咨询等服务。各学院根据每一个毕业生的实际状况,结合其课程学习情况、毕业设计(论文)时间、就业意向、就业态度等方面的综合信息,设定与个人相匹配的就业方案,为毕业生量身打造就业套餐。

(二) 各类针对性培训

积极开展培训辅导,形成考公务员、考职业资格证书、考专升本"三考导航"品牌活动。举办知名校友职业导航系列报告会,让知名校友给学弟学妹分享经验、支招护航。各学院结合专业特点开展就业"实境教育",举办就业形势、政策和应聘技巧讲座,帮助毕业生学习和了解就业形势和政策,引导树立正确的择业观念,合理调整就业预期,增强就业信心。

(三) 就业实境教育

开展就业指导的"实境教育",各学院结合工作实际自行聘请1—2名人

力资源专家,通过举办责任意识、团队合作等素质拓展和模拟招聘、模拟就业、就业体检等实践性活动,实现以企业人力资源专家为主导进行的、与真实择业过程相一致的就业"实境教育",把企业评价作为学生成才的重要依据。

三、以市场拓展为基础,做实做细信息化服务

利用浙江省毕业生招聘月的专场招聘会,定期举办毕业生春季大型招聘会,重点提升学生校内应聘成功概率。不定期举办教育局专场招聘会、重点中学推介会、民企宣讲会、校友专场招聘会等,做到就业市场多元化和常规化的结合。召开由单个学院或多个学院联合举办的学科性专场招聘会,突出专业特点,建设校内特色市场和小型市场,形成一定规模和影响。开展就业市场调研和预测工作,以市场用人单位需求为导向,开展择业意向和就业跟踪调查,进行就业市场状况需求和前景预测分析。推进就业市场开拓计划,深入实施校领导省内分片负责、学院包干地区的就业联系制。走访全省各地人才市场、教育局、大型企业,打造校内精品就业市场的同时,重点加强与各地人才市场和重点大型企业单位的对接工作,形成"校内与校外、大型与小型、有形与无形"相结合的招聘会格局,实现就业推介的校企无缝对接。

同时,充分调动各方力量,广泛收集毕业生就业岗位信息,重点收集省内各地教育系统及各类企事业单位等用人需求信息,并利用学校就业信息网、就业宣传窗、报纸广播等媒介及时做好信息发布工作。建立历年就业信息库,根据行业及专业情况,形成教育部门和非教育部门两大类就业信息库,供学生查询。加强各专业市场需求调查,对已建立的就业信息库进行分类整理,利用寒假进行就业市场调查,收集就业信息,分析省内各地对学校

各专业培养人才的市场需求情况,形成综合调研报告。通过短信平台建设,打造就业信息与学生需求无缝对接的信息通道,做到根据学生需要提供匹配的就业信息,推进学生"鼠标就业""手机就业"等数字化就业进程。

四、以动态调研为前提,做足做好人本化援助

及时对本届毕业生就业工作进行分析总结,明晰下一届毕业生就业工作思路和举措。各学院要提前完成下一届毕业生择业意向调查,形成调查分析报告。建立毕业生择业意向和就业进展情况动态信息库,做好毕业生就业情况跟踪工作。各学院要开展未就业毕业生调查摸底工作,每学期每位辅导员或班主任要对未就业的毕业生进行至少一次面谈,掌握学生就业动向,了解实际就业困难,提供有针对性的帮助和指导。继续配合做好高校毕业生质量跟踪调查评价工作,分时段整合各种手段调研毕业生质量,及时调整就业举措和培养模式。开展新生职业规划调研,配合新生职业生涯规划与就业指导课程教学,系统调研并了解新生的职业理想、就业期望以及对就业指导服务的要求等信息,引导学生树立良好的就业观,及早了解各方面的职业就业信息,进行科学的职业生涯规划。

为家庭经济困难的学生发放求职补助,给予特困毕业生、贫困毕业生一定的资助。在优秀困难学子推荐的基础上,鼓励每一个学院每一名教授一学期至少为一名家庭困难学子介绍一个就业岗位,充分发挥教师资源为困难学子就业牵线搭桥。开展"优秀贫困毕业生就业推荐活动",通过媒体和学校就业信息网等媒介,向用人单位做重点推荐。组织贫困毕业生参加省教育厅"寒门学子"就业专场招聘会和省、市各地组织的大型招聘会。各学院应相应开展就业困难、家庭经济困难毕业生结对帮扶活动,注重一对一谈话辅导,帮助甄选匹配岗位,提供面试培训。

五、以创新创业学院为龙头，做深做透适应性实践

继续加大对创新创业的支持力度，在创新创业学院的基础上，进一步加强针对性和指导性更强的创业培训和创业训练。通过创新创业学院这个平台，加大对学生创业精神的教育和创业过程的指导，让学生带着"救生圈"去"下海"，从而更快适应创业创新环境，提高创业项目存活率。创新创业学院以培养具有创新精神和创业能力的大学生为根本目标，以学生素质的全面提高和职业生涯的发展为教育导向，以创业精神、创业知识和创业实训为教学重点，以创业论坛、企业家讲坛、创业计划竞赛、创业基地、校内跳蚤市场、创业型社团建设为主要教学载体，开展全程式跟踪、立体化覆盖、系统化运作、个性化指导的创业教育模式，培养具有创新精神、创业知识和创业能力的高素质创业型人才。具体而言，第一，通过创新创业学院这个平台，开展创业普及教育和针对性指导；第二，通过创业基地这个平台，开展在校生创业孵化和针对性训练；第三，通过"百元创万"等实践平台，进一步增强创业学生的创业实践能力。

附录一 　浙江金融职业学院2009—2018届毕业生就业质量评价重要发现数据图表

1. 2009—2018届毕业生就业落实较好，近10届就业率均超过95%，均高于全国示范性高职院校。

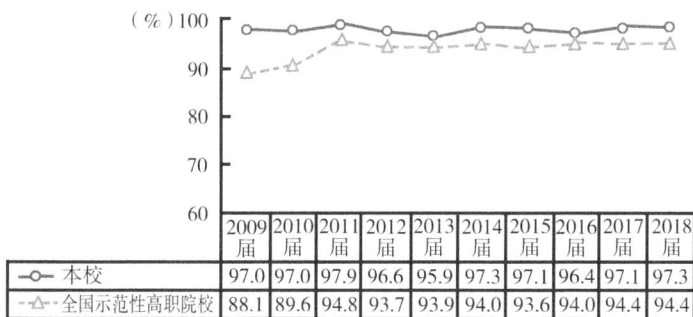

	2009届	2010届	2011届	2012届	2013届	2014届	2015届	2016届	2017届	2018届
本校	97.0	97.0	97.9	96.6	95.9	97.3	97.1	96.4	97.1	97.3
全国示范性高职院校	88.1	89.6	94.8	93.7	93.9	94.0	93.6	94.0	94.4	94.4

图1　浙江金融职业学院2009—2018届毕业生就业率变化趋势

2. 2009—2018届毕业生"毕业后读本科"的比例不断上升，从2009届的0.3%增加到2018届的16.0%。

表1　浙江金融职业学院2009—2018届毕业生"毕业后读本科"比例

单位：%

毕业去向	2009届	2010届	2011届	2012届	2013届	2014届	2015届	2016届	2017届	2018届
毕业后读本科↑	0.3	1.8	2.6	2.0	3.8	2.9	4.9	5.9	10.0	16.0

3. 2009—2018届毕业生在省内就业的比例持续较高,均高于85%。

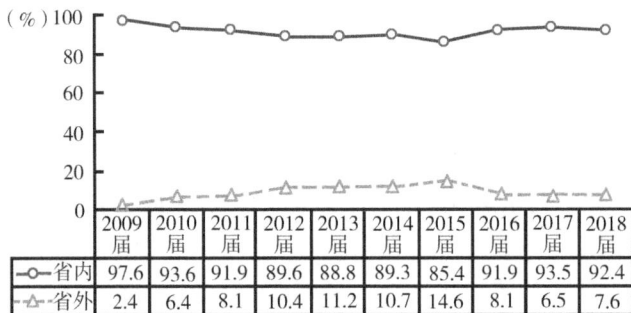

	2009届	2010届	2011届	2012届	2013届	2014届	2015届	2016届	2017届	2018届
省内	97.6	93.6	91.9	89.6	88.8	89.3	85.4	91.9	93.5	92.4
省外	2.4	6.4	8.1	10.4	11.2	10.7	14.6	8.1	6.5	7.6

图2　浙江金融职业学院2009—2018届毕业生省内外就业比例

4. 2011—2018届毕业生的就业现状满意度呈上升趋势,均高于全国示范性高职院校。

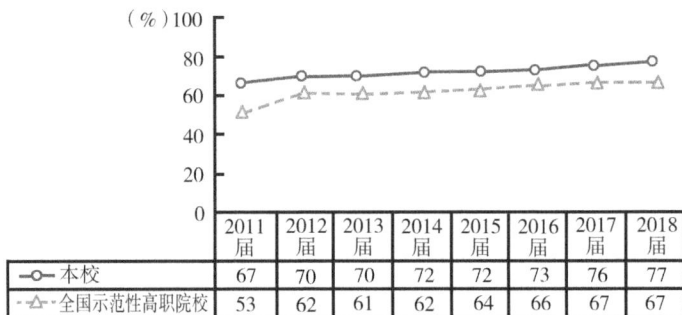

	2011届	2012届	2013届	2014届	2015届	2016届	2017届	2018届
本校	67	70	70	72	72	73	76	77
全国示范性高职院校	53	62	61	62	64	66	67	67

图3　浙江金融职业学院2011—2018届毕业生就业现状满意度

5. 2012—2018届毕业生的教学满意度较为稳定,均在95%—97%。

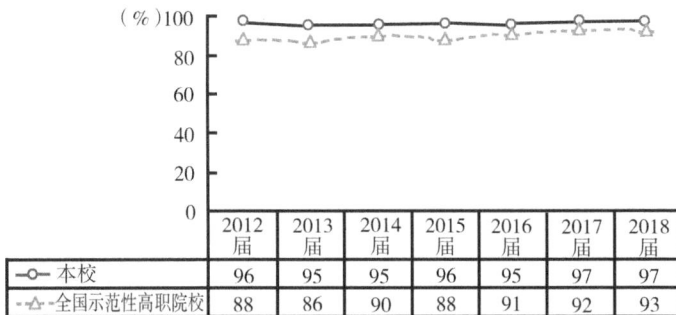

	2012届	2013届	2014届	2015届	2016届	2017届	2018届
本校	96	95	95	96	95	97	97
全国示范性高职院校	88	86	90	88	91	92	93

图4　浙江金融职业学院2012—2018届毕业生的教学满意度

6. 2009—2018届核心课程重要度在波动中呈上升趋势。

(%)	2009届	2010届	2011届	2012届	2013届	2014届	2015届	2016届	2017届	2018届
━○━核心课程重要度	76	74	80	74	79	83	79	82	78	81
┄△┄核心课程满足度	67	72	73	72	75	75	76	78	80	80

图5　浙江金融职业学院2009—2018届毕业生的核心课程重要度

7. 2009—2018届校友满意度持续较高,均在95%—98%,且高于全国示范性高职院校。

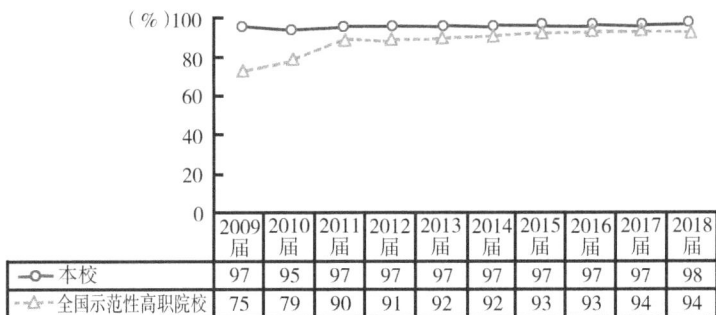

(%)	2009届	2010届	2011届	2012届	2013届	2014届	2015届	2016届	2017届	2018届
━○━本校	97	95	97	97	97	97	97	97	97	98
┄△┄全国示范性高职院校	75	79	90	91	92	92	93	93	94	94

图6　浙江金融职业学院2009—2018届校友满意度

8. 2009—2018届毕业生对母校的推荐度呈相对稳定状态,且均高于全国示范性高职院校。

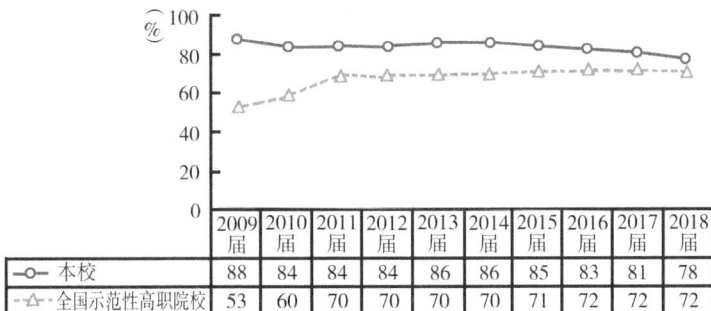

%	2009届	2010届	2011届	2012届	2013届	2014届	2015届	2016届	2017届	2018届
━○━本校	88	84	84	84	86	86	85	83	81	78
┄△┄全国示范性高职院校	53	60	70	70	70	70	71	72	72	72

图7　浙江金融职业学院2009—2018届毕业生对母校的推荐度

附录二 浙江金融职业学院2009—2018届毕业生就业质量主要数据图表

图1 浙江金融职业学院2009—2018届就业率变化趋势

图2 浙江金融职业学院2007、2008届各学院毕业后读本科的比例

图3 浙江金融职业学院2009—2018届毕业生在省内/外就业的比例变化趋势

图4 浙江金融职业学院2009—2018届不同生源地毕业生在省内就业的比例

图5 浙江金融职业学院2009—2018届工作与专业相关度变化趋势

图6 浙江金融职业学院2011—2018届毕业生基本工作能力满足度

图7 浙江金融职业学院2011—2018届毕业生核心知识满足度

图8 浙江金融职业学院2009—2018届毕业生月收入变化趋势

图9 浙江金融职业学院2011—2018届就业现状满意度变化趋势

图10 浙江金融职业学院2010—2018届离职率变化趋势

图11 浙江金融职业学院2012—2018届教学满意度变化趋势

图12 浙江金融职业学院2009—2018届核心课程重要度及满足度变化趋势

图13 浙江金融职业学院2009—2018届毕业生对母校推荐度变化趋势

图14 浙江金融职业学院2009—2018届毕业生对母校满意度变化趋势

图15 浙江金融职业学院2012—2018届毕业生对学生工作满意度的变化趋势

图16 浙江金融职业学院2012—2018届毕业生对生活服务满意度的变化趋势

图17 浙江金融职业学院2016—2018届毕业生对就业指导服务的总体满意度

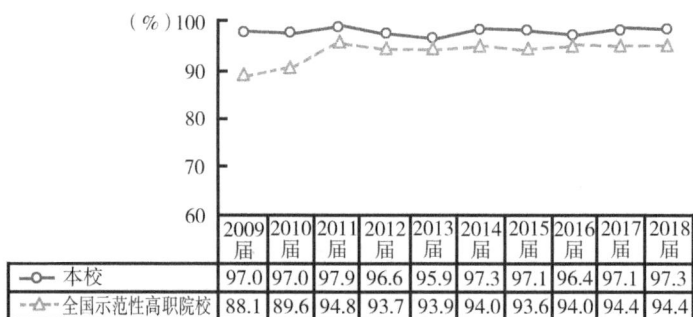

图1　浙江金融职业学院2009—2018届毕业生就业率变化趋势

	2009届	2010届	2011届	2012届	2013届	2014届	2015届	2016届	2017届	2018届
本校	97.0	97.0	97.9	96.6	95.9	97.3	97.1	96.4	97.1	97.3
全国示范性高职院校	88.1	89.6	94.8	93.7	93.9	94.0	93.6	94.0	94.4	94.4

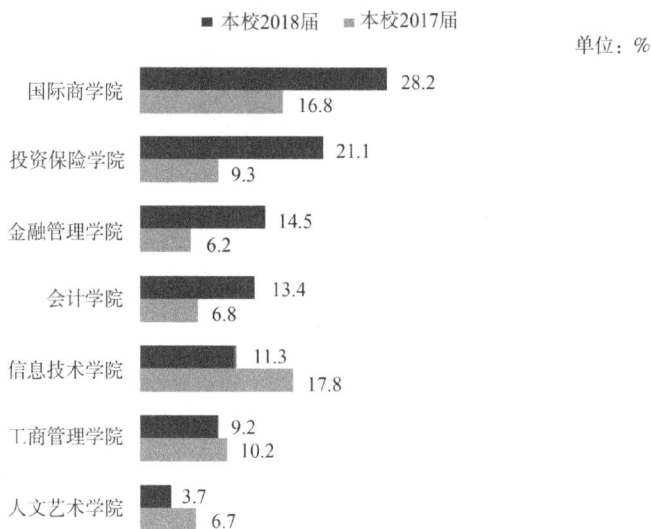

图2　浙江金融职业学院2007、2008届各学院毕业后读本科的比例

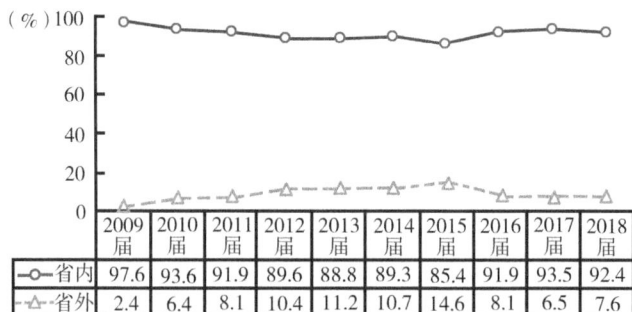

图3　浙江金融职业学院2009—2018届毕业生在省内/外就业的比例变化趋势

	2009届	2010届	2011届	2012届	2013届	2014届	2015届	2016届	2017届	2018届
省内	97.6	93.6	91.9	89.6	88.8	89.3	85.4	91.9	93.5	92.4
省外	2.4	6.4	8.1	10.4	11.2	10.7	14.6	8.1	6.5	7.6

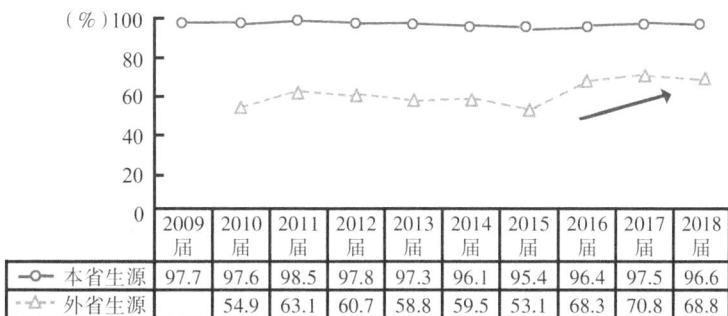

	2009届	2010届	2011届	2012届	2013届	2014届	2015届	2016届	2017届	2018届
本省生源	97.7	97.6	98.5	97.8	97.3	96.1	95.4	96.4	97.5	96.6
外省生源		54.9	63.1	60.7	58.8	59.5	53.1	68.3	70.8	68.8

图4　浙江金融职业学院2009—2018届不同生源地毕业生在省内就业的比例

注:本校2009届外省生源样本较少,没有展示。

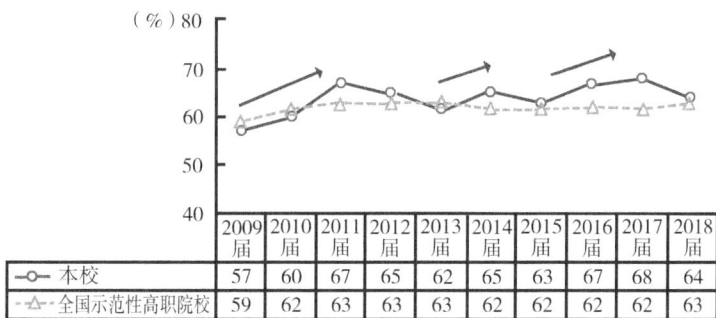

	2009届	2010届	2011届	2012届	2013届	2014届	2015届	2016届	2017届	2018届
本校	57	60	67	65	62	65	63	67	68	64
全国示范性高职院校	59	62	63	63	63	62	62	62	62	63

图5　浙江金融职业学院2009—2018届工作与专业相关度变化趋势

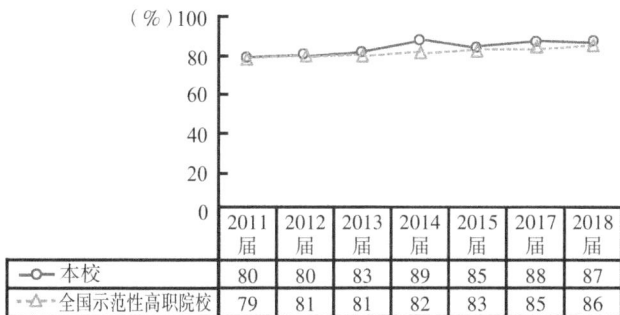

	2011届	2012届	2013届	2014届	2015届	2017届	2018届
本校	80	80	83	89	85	88	87
全国示范性高职院校	79	81	81	82	83	85	86

图6　浙江金融职业学院2011—2018届毕业生基本工作能力满足度

注:本校2016届没有调查基本工作能力指标,图中没有展示。

（%）100

	2011届	2012届	2013届	2014届	2015届	2017届	2018届
本校	81	80	83	87	85	87	88
全国示范性高职院校	79	80	80	81	82	84	85

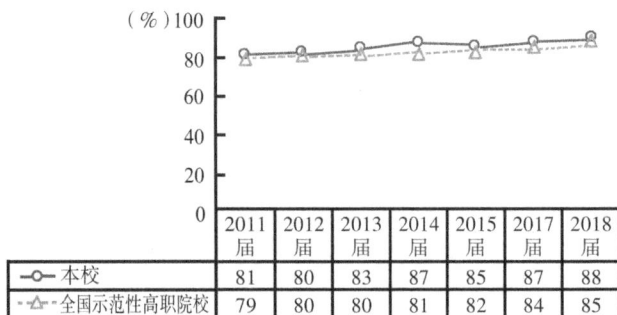

图7　浙江金融职业学院2011—2018届毕业生核心知识满足度

注：2016届没有调查核心知识指标，图中没有展示。

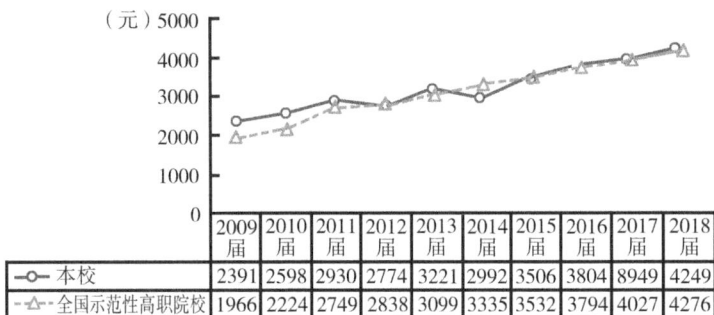

（元）5000

	2009届	2010届	2011届	2012届	2013届	2014届	2015届	2016届	2017届	2018届
本校	2391	2598	2930	2774	3221	2992	3506	3804	8949	4249
全国示范性高职院校	1966	2224	2749	2838	3099	3335	3532	3794	4027	4276

图8　浙江金融职业学院2009—2018届毕业生月收入变化趋势

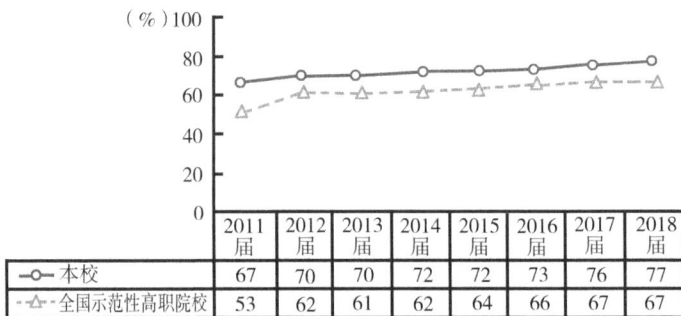

（%）100

	2011届	2012届	2013届	2014届	2015届	2016届	2017届	2018届
本校	67	70	70	72	72	73	76	77
全国示范性高职院校	53	62	61	62	64	66	67	67

图9　浙江金融职业学院2011—2018届就业现状满意度变化趋势

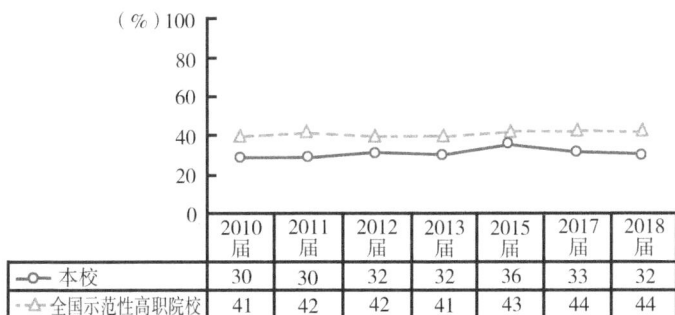

	2010届	2011届	2012届	2013届	2015届	2017届	2018届
─○─本校	30	30	32	32	36	33	32
┄△┄全国示范性高职院校	41	42	42	41	43	44	44

图10 浙江金融职业学院2010—2018届离职率变化趋势

注:本校2014届、2016届没有调查离职率,所以没有展示。

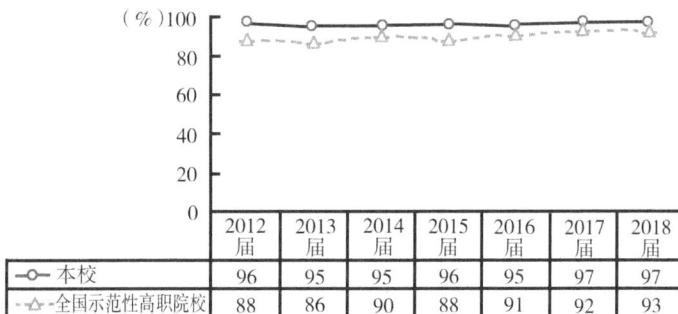

	2012届	2013届	2014届	2015届	2016届	2017届	2018届
─○─本校	96	95	95	96	95	97	97
┄△┄全国示范性高职院校	88	86	90	88	91	92	93

图11 浙江金融职业学院2012—2018届教学满意度变化趋势

	2009届	2010届	2011届	2012届	2013届	2014届	2015届	2016届	2017届	2018届
─○─核心课程重要度	76	74	80	74	79	83	79	82	78	81
┄△┄核心课程满足度	67	72	73	72	75	75	76	78	80	80

图12 浙江金融职业学院2009—2018届核心课程重要度及满足度变化趋势

	2009届	2010届	2011届	2012届	2013届	2014届	2015届	2016届	2017届	2018届
本校	88	84	84	84	86	86	85	83	81	78
全国示范性高职院校	53	60	70	70	70	70	71	72	72	72

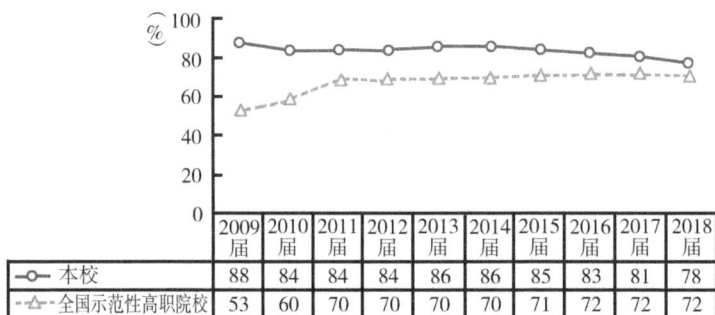

图13　浙江金融职业学院2009—2018届毕业生对母校推荐度变化趋势

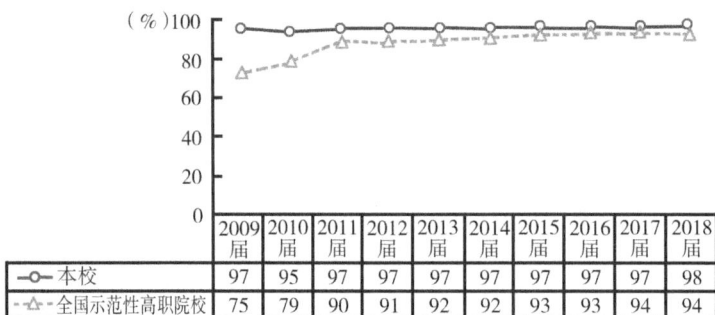

	2009届	2010届	2011届	2012届	2013届	2014届	2015届	2016届	2017届	2018届
本校	97	95	97	97	97	97	97	97	97	98
全国示范性高职院校	75	79	90	91	92	92	93	93	94	94

图14　浙江金融职业学院2009—2018届毕业生对母校满意度变化趋势

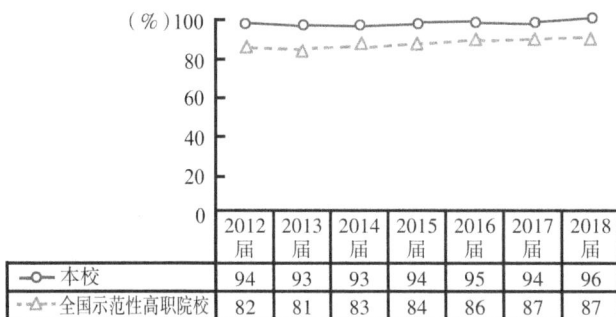

	2012届	2013届	2014届	2015届	2016届	2017届	2018届
本校	94	93	93	94	95	94	96
全国示范性高职院校	82	81	83	84	86	87	87

图15　浙江金融职业学院2012—2018届毕业生对学生工作满意度的变化趋势

	2012届	2013届	2014届	2015届	2016届	2017届	2018届
本校	90	91	93	96	93	91	94
全国示范性高职院校	82	83	83	85	86	87	89

图16　浙江金融职业学院2012—2018届毕业生对生活服务满意度的变化趋势

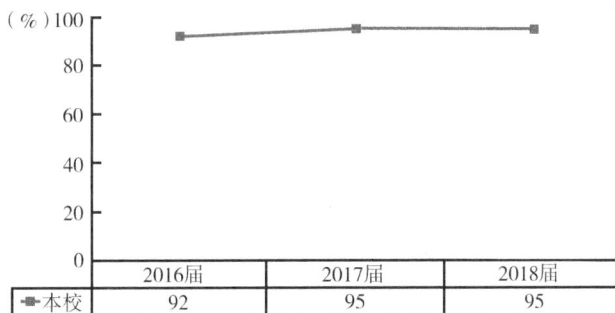

	2016届	2017届	2018届
本校	92	95	95

图17　浙江金融职业学院2016—2018届毕业生对就业指导服务的总体满意度

表1　浙江金融职业学院2009—2018届毕业生毕业去向分布

单位:%

毕业去向	2009届	2010届	2011届	2012届	2013届	2014届	2015届	2016届	2017届	2018届
受雇全职工作↓	94.3	91.7	91.9	92.5	88.4	91.3	89.2	88.0	84.7	78.2
受雇半职工作	0.4	0.9	0.8	0.3	0.7	0.9	0.4	0.7	0.4	1.0
自主创业	1.6	2.6	2.5	1.9	2.9	2.2	2.4	1.8	2.0	2.0
毕业后读本科↑	0.3	1.8	2.6	2.0	3.8	2.9	4.9	5.9	10.0	16.0
毕业后入伍	0.0	0.0	0.0	0.0	0.0	0.0	0.2	0.0	0.0	0.1
无工作,继续寻找工作	1.1	1.7	1.5	1.6	3.1	1.5	1.7	2.0	2.0	1.5
无工作,其他	2.2	1.3	0.7	1.8	1.0	1.3	1.1	1.6	0.8	1.1

注:图中数据均保留一位小数,由于四舍五入,相加可能不等于100%。

表2　浙江金融职业学院2009—2018届毕业生就业行业变化趋势

单位:%

行业类名称	2009届	2010届	2011届	2012届	2013届	2014届	2015届	2016届	2017届	2018届
金融(银行/保险/证券)业↓	61.6	52.5	49.5	48.0	46.3	39.6	41.1	38.5	40.2	36.6
媒体、信息及通信产业↑	3.5	3.0	3.2	3.4	2.5	6.6	6.2	7.2	5.9	8.9
零售商业↑	2.9	5.3	7.2	6.4	6.8	6.3	8.5	7.5	9.6	8.1
教育业↑	0.9	1.5	1.7	2.9	2.6	3.0	3.2	2.9	5.0	5.7
纺织皮革及成品加工业↑	2.2	5.5	5.3	4.3	4.4	6.1	5.8	6.5	4.2	4.3

注:表格按2018届数值降序展示。

表3　浙江金融职业学院2009—2018届毕业生从事职业变化趋势

单位:%

职业类名称	2009届	2010届	2011届	2012届	2013届	2014届	2015届	2016届	2017届	2018届
金融(银行/基金/证券/期货/理财)↓	54.2	39.6	33.7	31.6	30.7	23.3	34.3	33.7	40.0	36.8
财务/审计/税务/统计	12.9	20.9	26.0	25.5	25.7	26.9	16.2	15.2	11.9	11.0
行政/后勤↑	5.6	9.2	8.9	10.8	10.1	10.2	7.1	11.5	10.7	10.4
销售	10.5	9.0	10.2	10.3	10.3	13.9	13.9	12.3	10.3	9.3
互联网开发及应用↑	0.4	1.0	0.8	0.5	0.4	1.5	5.4	2.8	5.6	6.2

注:表格按2018届数值降序展示。

表4　浙江金融职业学院2009—2018届不同类型用人单位需求变化趋势

单位:%

用人单位类型	2009届	2010届	2011届	2012届	2013届	2014届	2015届	2016届	2017届	2018届
民营企业/个体↑	37.3	47.7	51.4	55.8	63.7	65.3	72.5	71.6	70.8	76.0
国有企业↓	45.8	36.6	34.6	30.6	21.7	17.4	15.1	16.0	16.0	11.8
中外合资/外资/独资	8.1	8.8	9.4	8.8	7.3	9.2	6.8	6.9	6.8	6.3
政府机构/科研或其他事业单位	4.9	3.5	2.6	1.8	6.2	7.2	5.4	5.2	5.4	4.9
非政府或非营利组织(NGO等)↓	4.0	3.3	2.0	3.1	1.1	0.9	0.3	0.2	0.9	1.0

注:表格按2018届数值降序展示。

表5 浙江金融职业学院2010—2018届不同规模用人单位需求变化趋势

单位:%

用人单位规模	2010届	2011届	2012届	2013届	2014届	2015届	2016届	2017届	2018届
50人及以下↑	18.3	17.6	22.4	25.0	22.9	27.9	28.6	27.3	30.3
51-300人↑	23.5	25.0	25.3	27.4	27.9	27.2	25.6	23.5	26.6
301-1000人	14.6	16.5	16.1	16.5	16.1	14.8	14.4	18.4	13.7
1000人以上↓	43.6	40.9	36.3	31.1	33.0	30.2	31.4	30.8	29.5

注:表格按用人单位规模大小排序展示。本校2009届问题设置不同,所以没有对比。

表6 浙江金融职业学院2009—2018届主要专业的就业率

单位:%

专业名称	2009届	2010届	2011届	2012届	2013届	2014届	2015届	2016届	2017届	2018届
国际金融	98	98	98	97	96	98	100	100	100	100
文秘	95	100	97	97	100	100	100	94	98	100
计算机信息管理	98	94	95	100	93	100	90	93	94	100
会展策划与管理	—	—	—	—	—	95	96	97	90	100
农村合作金融	—	100	94	97	98	94	95	—	97	99
会计	99	99	99	97	96	99	99	95	96	99
商务英语	100	98	100	98	94	98	97	98	100	98
财务管理	100	100	100	94	94	96	98	98	98	98
国际商务	—	97	100	98	98	100	97	92	98	98
信用管理	—	88	100	98	94	100	98	100	98	98
投资与理财	95	97	93	97	100	99	97	98	95	98
数字媒体应用技术	—	—	100	100	86	—	89	96	100	97
市场营销	97	99	100	96	96	97	97	96	99	97
国际贸易实务	89	95	98	100	96	99	97	95	96	97
金融管理	96	97	99	93	96	98	98	96	99	96
保险	100	100	95	98	98	92	98	97	92	96
房地产经营与管理	95	98	98	100	94	98	100	98	100	95
电子商务	99	97	93	—	96	94	95	100	100	93
工商企业管理	98	98	98	94	91	91	100	100	95	91

注:表格按2018届数值降序展示。

表7　浙江金融职业学院2013—2018届毕业生选择专业无关工作的原因

单位:%

毕业生选择专业无关工作的原因	2013届	2014届	2015届	2016届	2017届	2018届
专业工作不符合自己的职业期待	39	30	44	38	44	44
迫于现实先就业再择业	27	36	27	30	25	20
达不到专业相关工作的要求	14	13	12	10	13	14
专业无关工作收入更高	8	8	6	9	9	11
专业工作岗位招聘少	9	12	8	10	6	8
专业工作的环境不好	4	2	2	4	3	3

注:表格按2018届数值降序展示。

表8　浙江金融职业学院2009—2018届主要专业的工作与专业相关度

单位:%

专业名称	2009届	2010届	2011届	2012届	2013届	2014届	2015届	2016届	2017届	2018届
财务管理	78	78	86	72	63	85	82	75	73	90
国际商务	—	50	62	59	60	56	69	68	46	80
会计	75	78	88	83	80	79	72	73	80	80
金融管理	79	79	80	79	74	75	73	76	75	76
国际金融	87	85	75	75	83	60	73	85	77	70
农村合作金融	—	90	79	89	81	81	69	—	82	70
投资与理财	83	80	82	75	79	70	66	70	68	66
工商企业管理	33	40	39	43	46	45	47	59	59	62
国际贸易实务	37	64	67	68	65	60	69	70	72	61
数字媒体应用技术	—	—	—	29	29	—	—	71	48	59
信用管理	—	73	61	66	56	62	55	67	72	59
商务英语	36	60	62	72	65	74	72	67	64	57
文秘	29	36	42	54	39	52	36	63	56	56
保险	62	53	62	59	51	55	56	44	52	51
房地产经营与管理	45	53	53	65	56	56	66	54	59	47
计算机信息管理	33	34	28	24	35	43	38	46	42	40
电子商务	30	35	42	—	26	—	50	48	48	38
市场营销	55	44	66	65	55	52	51	56	56	38
会展策划与管理	—	—	—	—	—	50	48	58	88	—

注:表格按2018届数值降序展示。

表9 浙江金融职业学院2013—2108届毕业生对就业现状不满意的原因(多选)

单位:%

就业现状不满意的原因	2013届	2014届	2015届	2016届	2017届	2018届
收入低	67	61	59	66	68	62
发展空间不够	61	68	53	57	56	53
工作能力不够造成压力大	22	24	34	25	26	26
加班太多	17	20	22	27	28	20
工作氛围不好	28	26	26	25	28	16
工作环境条件不好	19	18	18	13	19	10
工作不被领导认可	7	11	9	11	4	3

注:表格按2018届数值降序展示。

表10 浙江金融职业学院2013—2018届毕业生主动离职的原因(多选)

单位:%

毕业生主动离职的原因	2013届	2015届	2017届	2018届
薪资福利偏低	47	42	40	44
个人发展空间不够	49	48	46	43
想改变职业或行业	37	33	35	39
工作要求高,压力大	27	21	23	25
对单位管理制度和文化不适应	24	22	22	24
就业没有安全感	14	16	17	15
缺少直接主管的指导和关怀	9	8	10	7
准备求学深造	2	2	2	2

注:表格按2018届数值降序展示。本校2010届、2011届、2012届主动离职原因是单选题,所以没有对比。本校2009届、2014届、2016届没有调查离职原因,所以没有展示。

表11 浙江金融职业学院2009—2018届主要专业的月收入

单位:元

专业名称	2009届	2010届	2011届	2012届	2013届	2014届	2015届	2016届	2017届	2018届
房地产经营与管理	2635	2777	2871	3158	3677	3075	3932	3504	4277	5378
国际金融	2487	2860	3169	2921	3256	3307	3731	5019	3742	4907
电子商务	1997	2629	3036	2900	3188	3077	4013	3444	3917	4495
金融管理	2671	2753	3038	2964	3481	3060	3579	4035	4468	4397
文秘	2235	2747	2645	2376	3221	2890	3260	4066	3948	4321
保险	2004	2483	3068	3009	3388	2787	3634	4067	4245	4309
国际贸易实务	2609	2552	3015	2779	3132	2944	3222	3237	3609	4283
财务管理	2187	2565	2790	2708	3036	2868	3418	3463	3863	4263

专业名称	2009届	2010届	2011届	2012届	2013届	2014届	2015届	2016届	2017届	2018届
农村合作金融	—	2713	2534	2664	3091	2824	3430	—	4022	4254
计算机信息管理	2238	2207	2876	2766	3264	2968	3395	4025	3886	4208
市场营销	2494	2632	3081	2780	3345	3336	3454	4411	4122	4167
数字媒体应用技术	—	—	2917	3067	3170	3158	3360	3845	3842	4161
工商企业管理	2341	2586	2803	2738	3062	2718	3993	3824	4010	4100
信用管理	—	2745	3325	2741	2816	3322	2985	3600	3507	4024
国际商务	—	2750	3108	2672	3427	2993	3254	3635	4088	4019
会计	2295	2603	2809	2594	3024	2819	3370	3624	3712	3998
投资与理财	2713	2877	3048	2755	3142	2670	3490	3726	3910	3921
商务英语	2650	2276	2767	2438	2649	2876	3010	3400	3470	3902
会展策划与管理	—	—	—	—	3100	3861	4142	3955	—

注:表格按2018届数值降序展示。

表12　浙江金融职业学院2011—2018届主要专业的就业现状满意度

单位:%

专业名称	2011届	2012届	2013届	2014届	2015届	2016届	2017届	2018届
文秘	73	70	63	68	—	80	65	91
农村合作金融	71	68	78	74	74	—	73	89
房地产经营与管理	54	87	78	83	88	72	86	88
信用管理	72	69	53	82	76	56	61	86
市场营销	75	69	61	79	69	64	87	83
投资与理财	66	81	74	65	69	80	81	81
电子商务	53	—	—	—	79	82	87	79
财务管理	67	63	45	81	50	67	51	79
金融管理	70	72	80	73	76	74	77	78
保险	66	69	68	74	77	90	79	73
国际贸易实务	53	64	59	66	69	75	80	70
计算机信息管理	—	81	72	67	63	64	70	69
会计	73	74	71	71	69	67	77	69
数字媒体应用技术	—	—	—	—	—	71	81	67
国际商务	71	55	70	—	63	—	—	63
商务英语	71	71	68	63	61	70	82	58
会展策划与管理	—	—	—	—	—	—	—	—
工商企业管理	81	68	65	62	82	67	84	—
国际金融	73	71	74	77	95	73	75	

注:表格按2018届数值降序展示。

表13　浙江金融职业学院2010—2018届主要专业的离职率

单位:%

专业名称	2010届	2011届	2012届	2013届	2015届	2017届	2018届
数字媒体应用技术	—	—	—	—	—	38	44
商务英语	42	39	56	55	41	33	43
国际商务	41	28	48	38	50	—	41
房地产经营与管理	27	40	20	40	25	36	41
市场营销	26	29	44	44	44	37	40
文秘	47	29	43	31	—	45	38
保险	25	33	32	30	40	40	37
国际贸易实务	38	35	17	40	46	34	33
农村合作金融	16	17	26	22	30	16	32
投资与理财	24	27	26	17	46	35	30
金融管理	20	28	24	22	20	22	29
信用管理	32	18	32	29	36	26	27
会计	22	29	26	27	33	27	27
电子商务	44	44	—	53	31	54	25
财务管理	29	33	32	34	20	19	23
计算机信息管理	31	20	33	48	38	47	20
会展策划与管理	—	—	—	—	—	—	—
工商企业管理	34	41	42	42	31	43	—
国际金融	19	20	26	27	26	24	—

注:表格按2018届数值降序展示。

表14　浙江金融职业学院2013届—2018届教学各方面改进需求(多选)

单位:%

教学改进需求	2013届	2014届	2015届	2016届	2017届	2018届
实习和实践环节不够	65	68	62	63	59	56
无法调动学生学习兴趣	49	49	48	51	45	47
课堂上让学生参与不够	30	32	31	34	35	34
课程内容不实用或陈旧	32	33	27	29	28	29
课程考核方式不合理	20	20	16	16	16	16
教师不够敬业	4	3	2	3	2	3
教师专业能力差	3	2	2	2	1	1

注:表格按2018届数值降序展示。

表15　浙江金融职业学院2014—2018届工程类专业实习和实践环节改进需求(多选)

单位:%

工程类专业实习和实践环节改进需求	2014届	2015届	2016届	2017届	2018届
课程实验	45	38	50	61	45
校外顶岗实习	68	63	65	44	45
校内生产性实训基地	65	55	52	44	42
课程设计	26	48	38	35	28
科技、工程类相关比赛	26	25	15	21	25
毕业论文/设计	11	18	13	13	15
金工实习	14	5	4	5	9

注:表格按2018届数值降序展示。

表16　浙江金融职业学院2012—2013届师生交流频率

单位:%

师生交流频率	2012届	2013届	2014届	2015届	2016届	2017届	2018届
每周至少一次	12.3	16.6	17.6	17.2	19.3	22.0	21.3
每月至少一次	23.6	24.0	28.1	26.1	25.3	23.7	24.5
每学期至少一次	37.5	39.0	37.5	38.5	36.9	36.4	37.4
每年至少一次	26.6	20.4	16.7	18.2	18.5	18.0	16.9

表17　浙江金融职业学院2012—2018届主要专业的教学满意度

单位:%

专业名称	2012届	2013届	2014届	2015届	2016届	2017届	2018届
农村合作金融	100	94	94	98	—	100	100
工商企业管理	96	94	88	90	97	97	100
保险	94	97	89	100	100	97	100
市场营销	95	97	96	95	91	96	100
房地产经营与管理	94	97	94	96	93	96	100
计算机信息管理	85	85	96	94	97	95	100
国际商务	91	88	—	100	100	93	100
国际金融	100	96	93	97	95	88	100
会计	95	97	95	96	97	98	99
投资与理财	97	95	97	100	95	99	98
国际贸易实务	96	98	98	98	95	100	97
财务管理	96	97	95	95	92	100	97
信用管理	98	97	100	100	100	94	97

续　表

专业名称	2012届	2013届	2014届	2015届	2016届	2017届	2018届
金融管理	96	95	96	98	95	96	95
文秘	96	80	100	—	100	100	93
商务英语	100	93	96	89	91	97	91
数字媒体应用技术	—	—	—	—	92	100	91
电子商务	—	—	—	86	84	94	90
会展策划与管理	—	—	—	94	91	93	—

注:表格按2018届数值降序展示。

表18　　浙江金融职业学院2012—2018届学生工作改进需求(多选)

单位:%

学生工作改进需求	2012届	2013届	2014届	2015届	2016届	2017届	2018届
与辅导员或班主任接触时间太少	57	63	58	60	56	54	54
学生社团活动组织不够好	30	41	42	39	42	38	35
解决学生问题不及时	21	27	30	26	29	25	25
学生资助服务不够好	9	14	13	12	12	10	8
辅导员或班主任态度不够好	4	5	3	3	5	3	4
辅导员或班主任专业素质较低	6	4	3	2	3	1	2

注:表格按2018届数值降序展示。

表19　浙江金融职业学院2012—2018届生活服务改进需求(多选)

单位:%

生活服务改进需求	2012届	2013届	2014届	2015届	2016届	2017届	2018届
食堂饭菜质量及服务不够好	59	69	66	60	55	46	41
宿舍服务不够好	33	34	41	26	35	40	34
学校洗浴服务不够好	39	43	37	23	33	32	27
学校医院或医务室服务不够好	15	19	22	31	31	27	22
教室设备与服务不够好	16	18	18	20	22	23	16
学校交通服务不够好	6	9	8	10	8	7	11
学校保安服务不够好	5	4	5	3	3	4	4

注:表格按2018届数值降序展示。

表20　浙江金融职业学院2009—2018届毕业生接受母校提供求职服务的比例（多选）

单位:%

求职服务名称	2009届	2010届	2011届	2012届	2013届	2014届	2015届	2016届	2017届	2018届
大学组织的招聘会	64	60	57	66	71	74	72	72	72	70
辅导面试技巧	43	54	43	59	63	66	68	62	63	64
职业发展规划	43	50	42	55	58	62	64	60	59	59
辅导简历写作	35	46	39	57	62	67	65	63	61	59
辅导求职策略	29	35	21	38	42	49	47	42	45	42
发布招聘需求与薪资信息	20	25	27	23	27	30	30	24	28	25
直接介绍工作	—	9	16	10	7	8	9	6	9	9
没有接受任何服务	11	10	10	7	7	5	6	5	6	6

注:表格按2018届数值降序展示。

表21　浙江金融职业学院2010—2018届毕业生对母校求职服务的有效性评价

单位:%

求职服务名称	2010届	2011届	2012届	2013届	2014届	2015届	2016届	2017届	2018届
辅导面试技巧服务	90	93	89	88	89	90	89	92	93
辅导求职策略服务	85	92	88	88	86	93	86	91	91
辅导简历写作服务	90	91	91	89	92	90	89	91	90
直接介绍工作服务	83	93	90	89	87	92	89	93	89
发布招聘需求与薪资信息服务	92	83	82	86	87	86	87	85	86
大学组织的招聘会服务	77	84	80	79	80	85	79	80	84
职业发展规划服务	74	72	67	75	71	79	72	80	77

注:表格按2018届数值降序展示。本校2009届问题设置不同,数据没有对比。

表22　浙江金融职业学院　2009—2018届主要专业的校友推荐度

单位:%

专业名称	2009届	2010届	2011届	2012届	2013届	2014届	2015届	2016届	2017届	2018届
国际商务	—	91	91	82	79	—	86	81	93	90
保险	94	79	91	88	93	84	93	92	90	86
投资与理财	88	89	80	87	90	90	88	85	83	86
财务管理	89	82	81	77	89	79	79	86	82	85
房地产经营与管理	78	90	82	69	90	94	96	89	96	85
工商企业管理	95	85	89	81	86	89	81	74	80	85
商务英语	83	75	88	92	84	87	85	76	72	80
农村合作金融	—	92	92	88	93	88	80	—	78	79
信用管理	—	80	81	84	85	79	84	100	84	78
国际贸易实务	87	80	85	75	86	81	86	83	84	78
国际金融	89	84	80	93	78	83	83	90	52	77
会计	94	95	85	84	92	90	90	88	84	76
金融管理	83	80	87	79	88	87	86	77	76	75
计算机信息管理	90	80	75	77	71	76	88	81	74	74
市场营销	87	88	80	91	95	86	85	80	76	71
数字媒体应用技术	—	—	—	—	—	—	—	70	84	68
文秘	92	84	86	95	88	96	—	83	84	67
电子商务	90	80	78	—	69	—	87	100	76	64
会展策划与管理	—	—	—	—	—	87	83	91	87	—

注:表格按2018届数值降序展示。

表23　浙江金融职业学院2009—2018届主要专业的校友满意度

单位:%

专业名称	2009届	2010届	2011届	2012届	2013届	2014届	2015届	2016届	2017届	2018届
农村合作金融	—	92	100	100	98	95	97	—	100	100
国际贸易实务	97	87	96	96	100	98	98	96	100	100
数字媒体应用技术	—	—	—	—	—	—	—	93	100	100
计算机信息管理	100	91	100	93	93	100	97	100	97	100
商务英语	100	97	100	100	95	99	96	100	97	100
会计	100	95	94	99	98	96	99	97	97	100
保险	90	94	100	95	100	95	100	100	97	100
工商企业管理	91	100	94	88	94	100	95	97	97	100
国际商务	—	100	100	97	93	—	100	100	96	100
房地产经营与管理	97	92	100	100	100	97	96	93	96	100
市场营销	98	96	88	98	100	99	96	98	94	100
国际金融	95	96	99	93	97	94	97	100	88	100
投资与理财	94	95	96	96	98	95	99	97	99	99
财务管理	98	97	100	98	97	100	97	97	100	97
信用管理	—	88	100	100	97	100	100	100	94	97
文秘	93	94	96	100	88	100	—	100	100	96
金融管理	96	98	98	99	96	99	100	97	97	95
电子商务	98	96	94	—	87	—	89	95	94	88
会展策划与管理	—	—	—	—	—	—	100	100	93	—

注:表格按2018届数值降序展示。

参考文献

[1]欧阳河.试论职业教育的概念和内涵[J].教育与职业,2003(1).

[2]俞启定,和震.中国职业教育发展史[M].北京:高等教育出版社,2012.

[3]林克辉,石伟平.改革语境下的职业教育研究——近年中国职业教育研究前沿与热点问题分析[J].职教论坛,2015(22).

[4]和震.探索职业教育政策未来走向[N].中国社会科学报,2019-04-04.

[5]杨金士.职业教育兴衰与新旧教育思想更替——百年职业教育发展回顾[J].职教论坛,2014(2A).

[6]邹莉高,生高温.世界发达国家高等职业教育发展历程[J].中国·东盟博览,2013(6).

[7]步光华.澳大利亚技术与继续教育国际化策略研究[J].世界教育信息,2013(15).

[8]徐梅.美国职业教育探析[J].职教通讯,2013(8).

[9]王国辉,曾茂林.跟踪国际职教前沿 探索中职教育的改革与发展——评《现代日本职业教育新著译丛》[J].职教论坛,2019(7).

[10]国家中长期教育改革和发展规划纲要(2010—2020年)全文[EB/OL].(2017-10-07)[2019-11-20].http://www.china.com.cn/policy/txt/2010-03/01/content_19492625_3.htm.

[11]周建松.坚持就业立校方针 办人民满意的高职教育[N].浙江日报, 2005-10-26.

[12]姜进.校企深度融合 培育优质金融"银领"[J].中国职业技术教育,2010 (11).

[13]姜进.论财经类高职应用型人才就业竞争力的提升[J].职教论坛,2011 (11).

[14]周建松.银领学院:高职办学模式与人才培养模式改革结合点的探索与 实践[J].高等工程教育研究,2009(6).

[15]姜进.坚持四个合作 培育实用金融人才[J].浙江金融,2010(12).

[16]陈民.高职教育人才培养引入企业理念的意义与实践[J].教育与职业, 2010(3).

[17]姜进,邢运凯.多主体视角下高职毕业生优质就业的实现路径[J].中国 职业技术教育,2018(3).

[18]卢劼.高职院校开发校友资源促进就业工作的路径研究——以浙江金 融职业学院为例[J].中国职业技术教育,2018(9).

[19]郭福春,张国民.高职院校毕业生就业跟踪调查及对策研究--以浙江金 融职业学院金融类专业为例[J].现代教育科学,2012(6).

[20]陈民.高职院校实践育人机制的建设与思考[J].中国职业技术教育, 2012(10).

[21]董瑞丽,邱俊如.金融专业教学资源库建设思考[J].职业技术教育, 2011(10).

[22]董瑞丽.以就业为导向、以订单为载体的高职院校专业教学改革探索与 实践[M].杭州:浙江工商大学出版社,2014.

[23]胡革,陈日华.新形势下高职院校服务地方经济发展的机制及路径问题 研究[J].人力资源管理2011,(11).

[24]陈晓.高校毕业生就业信息化建设研究[J].现代交际2017,(7).

[25]王可.论高职综合素质与就业核心竞争力的培养[J].青年时代,2016(17).

[26]何国亮,徐愿.高职院校"四位一体"的就业服务信息化平台构建研究[J].职业科技与发展,2019(9).

[27]周建松.主动作为 培养高素质技能型农村金融人[J].中国高等教育,2011(19).

[28]邓少辉.高职院校财经类大学生就业现状研究[J].成功营销,2018(10).

[29]孙静静.高职院校毕业生离校后就业跟踪服务体系研究[J].产业与科技论坛,2019(4).

[30]覃洋.高职院校贫困毕业生就业精准帮扶策略探究[J].文化创新比较研究,2019(15).

[31]邹龙军.新型学徒制与现代学徒制探究[J].课程教育研究·学法教法研究,2018(35).

[32]于志晶,孟凡华,荣国丞.法行20年:职业教育的法治之路[J].职业技术教育,2016(18).

后 记

浙江金融职业学院就业工作走过了不平凡的10年。回顾过去10年取得的成果，我们无比自豪，这些成果是在学校党委正确领导下取得的，是在学校各部门通力协作下取得的。当品味胜利的"果实"时，我们衷心感谢10年来对浙江金融职业学院就业部门工作给予支持、帮助的同志们。

过去10年，浙江金融职业学院就业工作部门围绕学校中心工作，把学生就业工作作为我们的"天职"。为把这项工作做好，我们思考、摸索、实践、总结……一年年地辛苦劳作，一次次地叩问自我，为的是让金院学子能成功就业、高质量就业。现在，我们可以说，我们基本做到了。

当然，回首过去10年的就业工作，也有值得继续思考、继续努力的地方，这些地方我们都进行了总结。经过认真地思索，我们在以后的就业工作中会沿着一条正确的道路前进。

第一，必须紧跟职业教育发展的步伐，不断适应变化的实际。我们国家的发展日新月异，国家发展对职业教育发展提出了更高的要求，职业教育也正得到各方的重视。2019年《国家职业教育改革实施方案》出台后，高职扩招100万，一系列有利于职业教育发展的利好不断传来，作为高职院校就业"人"，我们唯有认清形势，抓住机遇，提前谋划，才能不负职业教育发展的好时代。

第二，必须围绕学校中心工作，做好就业工作，为学校发展做贡献。当前浙江金融职业学院正围绕国家双高计划,建设高水平高职院校而不断努力。提高就业质量是学校高质量办学的标志,我们今后会继续坚持就业立校方针,把提高就业质量作为核心工作,既要做好就业指导、服务工作,更要参与到学校人才培养质量的大体系中去,以更积极的态度、更好的工作状态、更优异的工作成绩为学校中心工作献力。

第三,必须时刻把学生放在最重要的位置。学生就业是家庭的希望、学校的试金石、社会的稳定器。对此,我们必须有深刻的认知。一个学生就业可能就会改变一个家庭的经济状况,一个学生就业就是对学校成功办学的回馈,一个学生就业能为社会的稳定减轻压力。作为参与大学生就业工作的我们感到责任重大,只有就业工作中不落下一个学生,才是对我们工作的最好诠释。

前业不可守,后业待开拓。展望以后的就业工作,我们信心满怀。是的,我们一定能在习近平新时代中国特色社会主义思想的指引下,在学校党委的正确领导下,把浙江金融职业学院的就业工作做得更好。